Monika Tworuschka

Zu Gast bei den Religionen der Welt

HERDER spektrum

Band 4845

Das Buch

Kinder begegnen schon früh anderen Kulturen und Religionen: Im Kindergarten sind kleine Muslime und Buddhisten – neben christlich und religiös „neutral" aufwachsenden Kindern. Sie reisen mit ihren Eltern in andere Länder und treffen dort auf lebendige Kulturen, in denen nichtchristliche Religionen prägend sind. Sie essen die unterschiedlichsten Gerichte: chinesische, italienische, türkische. Nicht nur in den Großstädten: In jedem Dorf, in jedem Kindergarten sind Kinder aus anderen Kulturen. Kinder haben daher Fragen und stellen sie: Wieso isst Rachel kein Würstchen? Wieso fasten die Eltern von Hassan? Warum läuft seine größere Schwester mit dem Kopftuch herum? Essen, Feiern, Kleidung: hier werden andere Religionen konkret erfahrbar. Monika Tworuschka informiert über die Hintergründe von Bräuchen und Riten. Sie zeigt, worauf man achten sollte, wenn man Kinder mit anderen Religionen bei sich zu Gast hat. Sie erzählt, wie man in anderen Religionen feiert. Doch auch die religiösen Besonderheiten im Islam, Judentum, Buddhismus und Christentum werden herausgestellt: damit Kinder wissen, was ihre besondere Tradition ist und nach welcher Tradition andere leben. Begegnungen ohne Berührungsängste werden möglich. Ein Buch mit vielen praktischen Anregungen und wichtigen Informationen. Eine echte Entdeckungsreise.

Die Autorin

Monika Tworuschka, Dr. phil., Autorin von Sach- und Kinderbüchern sowie Hörspielen. Sie ist Mutter von vier Kindern und lebt in Bad Münstereifel. Verheiratet ist sie mit Dr. Udo Tworuschka, Professor für Religionswissenschaft an der FSU Jena.

Monika Tworuschka

unter Mitarbeit von Udo Tworuschka

Zu Gast bei den Religionen der Welt

Eine Entdeckungsreise für Eltern und Kinder

HERDER

FREIBURG · BASEL · WIEN

Gedruckt auf umweltfreundlichem,
chlorfrei gebleichtem Papier

Originalausgabe

www.herder.de
Satz: Rudolf Kempf, Emmendingen
Herstellung: fgb · freiburger graphische betriebe 2002
www.fgb.de
Umschlaggestaltung und Konzeption:
R·M·E München / Roland Eschlbeck, Liana Tuchel
Umschlagfoto: © KNA-Bild
ISBN 3-451-04845-0

Inhalt

Erster Teil

Zweiter Teil

Dritter Teil

Erster Teil

1. Die multikulturelle Gesellschaft – eine Tatsache und Chance zur Begegnung

Es gibt heutzutage mehrere wichtige Gründe, die dafür sprechen, Kinder schon früh mit anderen Religionen und Kulturen vertraut zu machen:

1. Weil es eine Tatsache ist, dass in unserem Land Angehörige verschiedener Religionen leben.
2. Weil es eine Tatsache ist, dass in unserem Land Angehörige zahlreicher Kulturen leben.
3. Weil das Kennenlernen anderer Religionen und Kulturen dazu beitragen kann, die eigene Religion und soziokulturelle Prägung besser zu verstehen.
4. Weil ein Grundwissen über andere Religionen hilft, Vorurteile gar nicht erst zu entwickeln bzw. vorhandene abzubauen.
5. Weil ein früh angeeignetes Wissen über wesentliche Glaubenssätze anderer Religionen dazu führt, dass vorgeschobene religiöse und kulturelle Ursachen von Konflikten besser entlarvt werden können.
6. Weil ein besseres Verstehen anderer Religionen schon Kinder befähigt, für eurozentrische oder deutsch-nationalistische Ideen weniger anfällig zu sein.
7. Weil eine frühe Erziehung zu Toleranz und religiösem Miteinander fremdenfeindlich oder rassistisch motivierte Straftaten verringert, somit eine sinnvolle Vorbeugemaßnahme ist.
8. Weil ein Grundwissen über andere Religionen in einer immer enger zusammenwachsenden Welt ebenso zur Allgemeinbildung wie PC-Kenntnisse gehört.

9. Weil Informationen über die wichtigsten Glaubensinhalte der Weltreligionen für viele Berufszweige unverzichtbar sind.
10. Weil das Kennenlernen anderer Religionen und Kulturen dem Miteinanderleben in Kindergarten, Schule und Alltag förderlich ist.
11. Weil das Kennenlernen anderer Religionen interessant ist und Spaß macht.

1. Weil es eine Tatsache ist, dass in unserem Land Angehörige verschiedener Religionen leben.

Viele Kinder machen schon früh die Erfahrung, dass in unserem Land Menschen aus verschiedenen Ländern leben und dass nicht alle denselben Glauben haben, falls sie sich überhaupt einer Religion oder Kirche zugehörig fühlen.

Die Religionen der Welt sind in Bewegung geraten. Sie begegnen, sie durchdringen einander. Doch sie grenzen sich auch voneinander ab und schärfen ihre Profile. Seit den denkwürdigen Tagen des ersten „Weltparlaments der Religionen" 1893 in Chicago haben viele Religionen in einer für sie fremden Umwelt Fuß gefasst. Der Hinduismus breitete sich im Westen aus. Zuerst in den USA, dann in Europa. Die in sich recht unterschiedlichen Gurubewegungen, die hierzulande seit den 1960er Jahren mit mehr oder weniger Erfolg missionieren, sind die vorerst letzten von insgesamt drei hinduistischen Ausbreitungswellen. Der Buddhismus hat sich – zumindest nach Meinung unserer Massenmedien – zur „Trendreligion" entwickelt. Der Islam entwickelt sich zur zahlenmäßig größten Religion in Europa. Neue Religionen sind entstanden, vor allem in Japan, Korea und in Afrika. Nicht aber in Europa; denn der alte Kontinent ist nach wie vor religiös unproduktiv und auf Import angewiesen. Die Zahl der neuen Religionen geht in die Hunderte. Es handelt sich keineswegs nur um „Eintagsfliegen", sondern um zum Teil respektable Größen. Die neuen Religionen haben Deutschland als Missionsland entdeckt. Aggressiv gehen sie bis auf Ausnahmefälle nicht vor, „aber sie sind da, einladend und aktiv, für viele offensichtlich auch attraktiv" (Pitzer-Reyl/Süss).

Die neuen Religionen wurden hierzulande zunächst als „Jugendreligionen", dann als „Sekten" ver-kannt und ver-deutet. Das 20. Jh. boomt religiös, auch wenn dies säkularisierte, oft aus der Kirche ausgetretene Zeitgenossen, die in vielen Redaktionen der Massenmedien den religionslosen Zeitgeist prägen, noch immer nicht so recht begriffen haben. Dass viele politische, wirtschaftliche, kulturelle Phänomene ohne ihre religiösen Hintergründe kaum verstehbar sind, begreifen säkularisierte Zeitgenossen meist erst spät.

Auf andere Religionen treffen wir nicht nur auf Fernreisen in die Türkei, nach Tunesien, Israel, Thailand oder Afrika. Schon in Kindergarten und Schule begegnen uns Kinder unterschiedlichster Herkunft und verschiedener Glaubensrichtungen. In den 1960er Jahren kamen Gastarbeiter (besser: Arbeitsemigranten) aus Spanien, Italien und Portugal zu uns, um hier leben und arbeiten zu können. Dabei handelte es sich vorwiegend um katholische Christen. Später zogen Familien aus der Türkei und dem ehemaligen Jugoslawien zu. Die meisten Türken gehören der islamischen Religion an, die Mehrzahl der Kurden sind Yezidi. Außerdem sind Christen und Juden aus Osteuropa verstärkt nach Deutschland gekommen. Asylsuchende aus dem Mittleren und Fernen Osten oder Afrika, die sich zu verschiedenen Religionen bekennen, leben bei uns. Häufig ist ihnen die Rückkehr aus politischen Gründen nicht möglich.

Man kann heute nicht mehr ohne weiteres davon ausgehen, dass das Christentum bei den meisten bekannt und vertraut ist. Die Unterschiede zwischen Katholiken, Altkatholiken, Protestanten, Orthodoxen bzw. den zahlreichen Freikirchen und anderen christlichen Glaubensgemeinschaften außerhalb der Großkirchen kennen oft nur die Fachleute.

2. *Weil es eine Tatsache ist, dass in unserem Land Angehörige zahlreicher Kulturen leben.*

In Deutschland leben nicht nur Menschen verschiedener Religionen, sondern auch unterschiedlicher Kulturen gegen-, neben- bzw. miteinander. Religion und Kultur sind nicht deckungsgleich. So ist zum Beispiel ein aus Ägypten stammender Kopte einerseits von der ägyptischen Kultur geprägt. Religiös ist er andererseits Christ und unterscheidet sich daher in Glauben und Lebensgestaltung von einem ägyptischen Muslim.

Ein deutscher Buddhist erscheint uns vermutlich in seiner Gestaltung des Alltags und in seiner kulturellen Prägung vertrauter als ein orthodoxer Christ aus Griechenland oder Russland.

Der Begriff multikulturelle Gesellschaft steht seit Jahren im Brennpunkt der Diskussion. Er ist entweder eine empirische Zustandsbeschreibung unserer real existierenden gesellschaftlichen Verhältnisse oder stellt ein positiv bzw. negativ gefülltes Werturteil dar. Multikulturalität meint das Neben-, Gegen- und Miteinander der verschiedenen Ausprägungen von Kulturen. Mit Kultur ist nach F. R. Vivelo die Art und Weise gemeint, in der Menschen

- produzieren, handeln, ihren Alltag organisieren, lieben und arbeiten,
- ihre politischen und gesellschaftlichen Verhältnisse normieren und regeln,
- sich geistig, d. h. religiös, künstlerisch, literarisch etc. betätigen.

Kritiker und Befürworter der multikulturellen Gesellschaft diskutieren das Problem vor allem unter fünf Gesichtspunkten:

- wirtschaftlichen, gesellschaftlichen und ökologischen Ursachen. In diesem Zusammenhang werden Fluchtursachen und die Thematik der Anwerbung von ausländischen Arbeitskräften in den 50er und 60er Jahren diskutiert,
- politischen Fragen, zum Beispiel die Debatte um Asyl- und Ausländerrecht,
- historischen Problemlagen, zum Beispiel die Lage der Nation,
- Fragen der persönlichen Existenz und Identität, zum Beispiel die sich vergrößernde Unsicherheit des rahmenlos gewordenen Menschen,
- theologischen Perspektiven.

3. Weil das Kennenlernen anderer Religionen und Kulturen dazu beitragen kann, die eigene Religion und soziokulturelle Prägung besser zu verstehen.

Die Beschäftigung mit anderen Religionen führt meist recht schnell von selbst dazu, sich verstärkt auf die eigene zu besinnen. Hat man einmal bemerkt, dass andere Religionen auch Heilige Schriften (Koran, Pali-Kanon u. a.) besitzen, kann man mit Kindern darüber sprechen, was die Bibel uns Christen bedeutet. Mit Gottesvorstellungen, Gebeten, Stifterpersönlichkeiten, religiösen Gebäuden, Funktionsträgern usw. ist es genauso. Wenn ich einem Kind erklären möchte, was ein Rabbi oder Imam ist, welche Rolle er für die Gläubigen spielt und was er täglich tut, ziehe ich zum Vergleich den evangelischen Pfarrer oder katholischen Priester heran. Ein besseres Kennenlernen der eigenen und fremden Religion kann im optimalen Fall zu einem tieferen Begreifen dessen führen, was wesentlich für christliches Glauben und Handeln ist und was eher zweitrangig. Jesus, Mohammed und Buddha sind gleichermaßen Religionsstifter. Aber nur im Christentum stehen Kreuzigung und Auferstehung Jesu im Zentrum des Glaubens. Für Muslime und Buddhisten sind Mohammed und Buddha zwar sehr wichtige Größen, doch ihre Glaubensmittelpunkte sind der heilige Koran und die richtige Lehre: Dhamma.

4. Weil ein Grundwissen über andere Religionen hilft, Vorurteile gar nicht erst zu entwickeln bzw. vorhandene abzubauen.

Jeder Mensch gehört verschiedenen sozialen Bezugsgruppen an: Familie, Kindergarten, Schule, Verein, Heimatort, Berufsgruppe, Stadt, Staat, Geschlechtergruppe. Diese Eigen- bzw. Wir-Gruppen haben je nach Lebenssituation verschiedene Bedeutungen. Bei aller Komplexität der Vorurteilsforschung kann man jedoch als gesichert annehmen, dass Vorurteile, die in jungen Jahren in der Familie und im Kindergarten erworben werden, am schwersten zu ändern sind. Fachleute gehen davon aus, dass die meisten Vorurteile schon in der Familie vom dritten Lebensjahr an entwickelt werden.

Eine notwendige, wenngleich nicht hinreichende Voraussetzung, Voreinstellungen oder Vorurteile gar nicht erst entstehen zu lassen, sind solide Informationen über Fremdgruppen bzw. andere Religionen und Kulturen. Informationen allein reichen jedoch nicht aus. Wichtig sind zum Beispiel auch das Prestige und die Vertrauenswürdigkeit des Informanten. Bei jüngeren Kindern genießen Eltern und Erzieher dieses Vertrauen noch weitgehend uneingeschränkt. Entscheidend ist auch die Art und Weise, wie eine Information vermittelt wird; denn Informationen, die nicht interessieren, anerkannten Gruppennormen widersprechen, werden oft nicht zur Kenntnis genommen und ausgeblendet.

Daher gilt es, Weltreligionen anschaulich und verständlich zu vermitteln. Neben Informationen können persönliche Begegnung und gemeinsame Erfahrung mit Angehörigen anderer Religionen und Kulturen wichtig sein.

5. *Weil ein früh angeeignetes Wissen über wesentliche Glaubenssätze anderer Religionen dazu führt, dass vorgeschobene religiöse und kulturelle Ursachen von Konflikten besser entlarvt werden können.*

In vielen Konflikten werden die Parteien mit religiösen Gruppierungen gleichgesetzt. In Irland ist von den „Katholiken" oder den „Protestanten" die Rede, im Nahen Osten heißt es häufig „die Muslime" oder „die Christen". Schon Kindern kann man erklären, dass bei den meisten Konflikten geschichtliche und wirtschaftliche Ursachen ebenfalls eine Rolle spielen. Eventuell kann man einen Konflikt innerhalb der eigenen Familie und die unterschiedlichen Meinungen der einzelnen Familienmitglieder zum Vergleich heranziehen. Mit älteren Kindern sollte man anhand von Beispielen offen darüber sprechen, dass sich die Massenmedien unangemessener Vereinfachungen oder Überdimensionierungen der Bedeutung von Religion bedienen.

Entscheidend ist, dass Religion und Kultur nicht verabsolutiert und zur einzigen Ursache von Problemen hochstilisiert werden. Realistischer ist es, Religionen und Kulturen als Teilsysteme der Gesellschaft zu begreifen, die bei dem Zusammenleben von Menschen zwar eine wichtige Rolle spielen, auf die man aber nicht „die strukturellen politökonomischen Krisen moderner Gesellschaften" abwälzen sollte (Orth S. 25).

6. *Weil ein besseres Verstehen anderer Religionen schon Kinder befähigt, für eurozentrische oder deutsch-nationalistische Ideen weniger anfällig zu sein.*

Der Philosoph, Soziologe und Musikwissenschaftler Theodor Adorno (1903-1969) hat festgestellt, dass Menschen, deren freiheitliche Regungen sich im Kindesalter nicht entwickeln konnten, sich später oft unkritisch mit „den Starken" identifizieren. Zu den Merkmalen einer solchen „autoritären Persönlichkeit" gehört es, dass einerseits die Abhängigkeit von Stärkeren gesucht und gleichzeitig der geheime Wunsch gehegt wird, Macht auszuüben. Kennzeichnend für eine solche Persönlichkeit sind ferner Unduldsamkeit gegenüber Mehrdeutigkeit und das Denken in Personenkategorien, zum Beispiel: die Christen, die Juden, die Muslime. Ihr eigenes Versagen lasten solche Menschen gern Fremdgruppen an. Neuere Forschungen betonen die Entwurzelung und Orientierungslosigkeit, das Gefühl, „zu kurz zu kommen", sowie den Mangel an Kommunikationsfähigkeit und Freizeitmöglichkeiten, die Jugendliche zu Gewaltaktionen gegen Fremde motivieren. Eine frühe elementare Religionserziehung, die einerseits dazu befähigt, aus der eigenen Tradition Kraft zur Bewältigung von Lebenssituationen zu schöpfen und andererseits die Welt und die Mitmenschen mit Offenheit und dem Mut zur Mehrdeutigkeit zu begreifen, legt Grundlagen für eine Haltung, die eurozentrische und deutsch-nationalistische Engstirnigkeiten verhindert.

7. *Weil eine frühe Erziehung zu Toleranz und religiösem Miteinander fremdenfeindlich oder rassistisch motivierte Straftaten verringert, somit eine sinnvolle Vorbeugemaßnahme ist.*

Nach der Jugendstudie von Shell aus dem März 2000 kann man davon ausgehen, dass ausländerfeindliche Einstellungen am stärksten unter jungen Männern in den neuen Bundesländern mit schlechter Ausbildung anzutreffen sind. Eine exakte prozentuale Zahl zur tatsächlich existierenden Ausländerfeindlichkeit konnten die Wissenschaftler jedoch nicht angeben, da es keine wissenschaftlich gesicherte Definition über das Phänomen der Ausländerfeindlichkeit gebe. Tief sitzende Abwehrhaltungen gegen Fremde(s) erklären sich u. a. mit „schlechteren Lebensbedingungen, geringerer Bildung, schlechterer Ausstattung oder zumindest einer Selbsteinschätzung in dieser Richtung". Konkurrenzangst gegenüber dem von über 62 Prozent der befragten Jugendlichen zwischen 15 und 24 Jahren für zu hoch gehaltenen Ausländeranteil darf nach Ansicht der an der Jugendstudie beteiligten Wissenschaftler jedoch nicht pauschal als ausländerfeindlich eingestuft werden.

Bildungsstand sowie sachlich angemessene Informationen über andere Religionen und Kulturen können zwar fremdenfeindliche Taten nicht grundsätzlich verhindern. Doch birgt interreligiöses Lernen trotzdem die Chance, zur Toleranz, Achtung vor der Menschenwürde zu erziehen und so Fremdenhass abzubauen.

8. *Weil ein Grundwissen über andere Religionen in einer immer enger zusammenwachsenden Welt ebenso zur Allgemeinbildung wie PC-Kenntnisse gehört.*

Als ich vor einigen Jahren gegenüber meiner jüngsten Tochter Ronja feststellte, dass Beethoven ein bedeutender Komponist sei, reagierte sie entrüstet mit den Worten: „Beethoven ist ein Hund. Das weiß ich genau!" Ich habe etwas belustigt erklärt, dass trotz des Films „Ein Hund namens Beethoven" der Träger dieses Namens zunächst einmal ein großer Musiker war. Für einen Muslim wäre es dagegen nicht nur komisch, sondern verletzend, wenn ein nichtmuslimisches Kind das Heiligtum der Kaaba in Mekka mit einem Kakao-Getränk ähnlichen Namens verwechselte. Viele Zeitgenossen sind erstaunlich desinformiert, wenn es um Religion(en) geht. Heutzutage gehen schon jüngere Kinder problemlos mit Computern um und surfen durch das Internet. Viele von ihnen können aber eher die Mitglieder einer musikalischen Boygroup aufzählen als die wichtigsten Religionsstifter, heiligen Schriften usw. Ein solides Grundwissen über andere Religionen sollte längst zur Allgemeinbildung gehören, um einerseits die bei uns lebenden Angehörigen anderer Religionen besser zu verstehen und sich auf Fernreisen sachkundig orientieren zu können. Eine solche Allgemeinbildung ist auch unverzichtbar mit Blick auf die europäische Geschichte, internationale Zusammenhänge und viele von Religionen (mit-)verursachte gesellschaftliche und politische Konflikte.

9. Weil Informationen über die wichtigsten Glaubensinhalte der Weltreligionen für viele Berufszweige unverzichtbar sind.

Nicht nur Erzieher und Lehrer sollten elementare Kenntnisse über andere Religionen haben. In einer immer enger zusammenwachsenden Welt wird es zunehmend unverzichtbar, neben landeskundlichem Wissen auch über die wichtigsten religiösen Merkmale eines Landes informiert zu sein. Inhaber von Hotels und Restaurants sollten, wenn sie auf internationale Gäste Wert legen, über Speiseangebote und Wohnvorstellungen anderer Religionen und Kulturen Basiskenntnisse besitzen. Die Globalisierung von Wirtschaft und Handel hat zur Folge, dass die Firmen ihre Mitarbeiter mit Grundkenntnissen anderer Religionen und Kulturen vertraut machen. Welche Einstellung zur Arbeit haben Islam und Buddhismus? Wie sieht ihre Wirtschafts- und Berufsethik aus? Besonders wichtig erscheint mir, dass Ärzte und Sozialarbeiter über wichtige

Grundeinstellungen nichtchristlicher Menschen zum Beispiel in Fragen der Gesundheitsfürsorge und Sexualethik Bescheid wissen. Die EAWRE (Europäische Arbeitsgemeinschaft für Weltreligionen in der Erziehung) gibt einen dreisprachigen „Kalender der Feste der Religionen" heraus. Menschen, die in sozialen und öffentlichen Diensten tätig sind, in Krankenhäusern und bei der Polizei müssen mehr und mehr einer multikulturellen Umwelt gerecht werden. Zweifellos ist der Glückwunsch eines Arztes zu diesem oder jenem Fest gesundheitsförderlich (vgl. Punkt 11).

10. Weil das Kennenlernen anderer Religionen und Kulturen dem Miteinanderleben in Kindergarten, Schule und Alltag förderlich ist.

Wenn die Festtage anderer Religionen bekannt sind, kann man die Gläubigen zu diesem Anlass beglückwünschen oder im Alltagsleben Rücksicht nehmen. Es könnte beispielsweise die Atmosphäre an Schulen mit einer großen Anzahl von muslimischen Schülern verbessern, wenn die Verantwortlichen bei Schulfesten Alternativen zu Würstchen und Koteletts überlegen, eventuell im Ramadan weniger Klassenarbeiten geschrieben werden, Schwimmunterricht nach Geschlechtern getrennt erteilt würde usw. Wenn jüdische Schüler anwesend sind, sollte daran gedacht werden, dass Sportveranstaltungen nicht bis zum Freitagabend dauern, weil dann der Sabbat beginnt. Auch die Gemeinschaft der Siebenten-Tags-Adventisten hält den Samstag streng als Ruhetag ein. Auf alle Fälle erleichtert die Kenntnis elementarer Glaubensinhalte anderer Religionen den Alltag in Schule und Kindergarten, in Nachbarschaft und Berufsleben.

11. Weil das Kennenlernen anderer Religionen interessant ist und Spaß macht.

Die Beschäftigung mit fremden Religionen kann auf interessante Weise und sehr vielseitig geschehen. Man kann Geschichten oder Märchen aus anderen Traditionen erzählen oder vorlesen. Man kann über fremde Religionen durch Abenteuerbücher, Krimis oder Spiele etwas erfahren. Man kann gemeinsam Feste gestalten. In Kindergärten oder Grundschulen mit einem hohen Ausländeranteil könnte man beispielsweise bei entsprechender Vorbereitung ein interreligiöses Quiz so gestalten, dass die deutschen Kinder etwas über fremde Religionen und die ausländischen Kinder etwas über das Christentum wissen müssen. Sketche, Theaterstücke, Rollenspiele usw. können dazu beitragen, auf spannende Weise mit anderen Religionen vertraut gemacht zu werden.

Weiterführende Literatur:

Gottfried Orth, Du sollst nicht bekehren deines Nächsten Kind, Frankfurt a. M. 1995

Renate Pitzer-Reyl/Joachim Süss (Hg.), Religionswechsel. Hintergründe spiritueller Neuorientierung, München 1996

EAWRE-Kalender der Feste der Religionen (Bestellanschrift: Dr. Herbert Schultze, Tangstedter Landstraße 32b, 22415 Hamburg)

Vorlesebuch Fremde Religionen, hg. von Monika und Udo Tworuschka, Bd. 1: Judentum – Islam, Lahr/Düsseldorf 2. Aufl. 1993; Bd. 2: Buddhismus – Hinduismus 2. Aufl. 1994

Monika Tworuschka, Kinder erleben die Weltreligionen. Ein Abenteuerspielbuch, 2 Bde. Mit jeweils zwei WDR-Kinder-Kriminalhörspielen, Gütersloh 1998/99

Monika Tworuschka, Drei helle Köpfe auf heißer Spur. Eine Abenteuergeschichte. (Wie Kinder in ihrer Alltagswelt das Christentum entdecken), Lahr 1999

Monika Tworuschka/Udo Tworuschka, Weltreligionen – Kindern erklärt, Gütersloh 4. Aufl. 2001

Monika Tworuschka/Udo Tworuschka, Der Islam – Kindern erklärt, Gütersloh 1999

Udo Tworuschka, Lexikon Die Religionen der Welt, Gütersloh 1999 (Elementarinformationen)

2. Überlegungen zum Umgang mit Menschen anderer Religionen und Kulturen

Wie Kinder mit anderen Religionen und Kulturen umgehen, ist zunächst eine Frage der Erziehung. Bewusst oder unbewusst vermitteln Eltern und Erzieher ihre eigenen Erfahrungen mit Fremden oder Fremdem. Bei älteren Jugendlichen mögen Erlebnisse aus der Schule, der Gruppe Gleichaltriger, dem Alltagsleben und andere Faktoren eine vielleicht entscheidendere Rolle als das Elternhaus spielen.

Für Erziehende ist es wichtig, ob sie in der Nachbarschaft, am Arbeitsplatz Kontakte zu Angehörigen anderer Religionen oder Kulturen gehabt und ob sie diese als positiv oder negativ empfunden haben. Erfahrungen mit Fremden, anderen Kulturen, Glaubensüberzeugungen, Gerüchen, Speisen und Musik mögen als Bereicherung oder Störung bzw. Bedrohung des gewohnten Lebens empfunden werden. Jeder kennt das Motto: „Alle Menschen sind Ausländer, fast überall." Trotz dieser Erkenntnis, dass jeder, der seine gewohnte Umgebung verlässt, für die anderen zunächst ein Fremder ist, dass also jeden von uns dieses Schicksal treffen kann, resultiert daraus nicht Fremdenfreundlichkeit, sondern eher Fremdenfeindlichkeit in den meisten Gesellschaften.

Fremd ist derjenige, der nicht zur eigenen Gruppe gehört. Fremdheit hat ein bestimmtes Verhalten zur Folge, das im Allgemeinen durch Unsicherheit, Angst und Vorurteile bestimmt ist. Der Fremde ist anders als man selbst. Er entspricht nicht den für normal gehaltenen Erwartungen.

Die Einstellung zum Fremden ist ambivalent. Das altgriechische Wort xénos bedeutet fremd, unbekannt, ungewohnt. Zugleich bezeichnet das Wort auch den Gast, den Gastfreund. Im Lateinischen entspricht dies dem Wort hospes („Gastfreund, Fremder"), das ursprünglich einmal „Fremdling" und „Feind" bedeutet hat. Hospes, der „Gast", und hostis, der „Feind", gehören zur gleichen Wortfamilie. Das Auftauchen eines Fremden wurde immer als bedrohlich empfunden; denn der Unbekannte konnte ein möglicher Feind sein. Es gab genug negative

Erfahrungen, um misstrauisch zu sein. Der religiös und gesetzlich verpflichtende Brauch des Gastrechts war das Resultat eines im Laufe vieler Generationen zustande gekommenen Kennenlernens und gegenseitiger Offenlegungen der Gesinnung und der Absichten. Über Gastrecht, Gastfreundschaft und ihren Missbrauch gibt es in allen Religionen seit den ältesten Zeiten eine Fülle von Geschichten. Das Alte Testament erzählt in zahlreichen zum Teil hochdramatischen, mitunter erschreckenden, doch auch wieder tröstlichen Geschichten von vorbildlichen Gastfreundschaften. So nahm Abraham drei Unbekannte auf, unter denen Jahwe selbst war. Lot liefert sogar dem Pöbel lieber seine eigenen Töchter als seine Gäste aus. Schon in den Zehn Geboten ist von einem Wohnrecht der Fremden die Rede. Im dritten Mosebuch wird vorgeschrieben: „Wenn ein Fremdling bei euch wohnt in eurem Lande, den sollt ihr nicht bedrücken. Er soll bei euch wohnen wie ein Einheimischer unter euch, und du sollst ihn lieben wie dich selbst; denn ihr seid auch Fremdlinge gewesen in Ägyptenland" (Lev 19,33f.). Im Neuen Testament gilt Jesus als Gastgeber, Gast und Gastgabe. Das Verhalten gegenüber dem Gast und Fremden wird beim Jüngsten Gericht zum Maßstab. In ihnen begegnet der unbekannte Christus, wenn er sagt: „Ich bin ein Fremdling gewesen, und ihr habt mich nicht beherbergt (...) Wahrlich, ich sage euch: Was ihr nicht getan habt einem unter diesen Geringsten, das habt ihr mir auch nicht getan" (Mt 25,43.45). In der – leider auch christlichen – Realität ist es mit dieser Achtung des Fremden jedoch oft nicht weit her. Der starke Ausländeranteil in bestimmten Wohngegenden oder an bestimmten Schulen wird als störend, ja sogar bedrohlich empfunden.

Manche Eltern sehen ihre erzieherische Aufgabe darin, ihren Kindern ein natürliches Misstrauen gegenüber dem Fremden zu vermitteln, sie vor etwas Fremdem oder Unbekanntem zu warnen. So wie man Schwimmern einschärft, nicht in unbekannte Gewässer zu springen, und Kinder ermahnt, keine unbekannten Früchte im Wald zu verzehren. Aber ist das wirklich dasselbe?

Wenn ich das Gewässer erkundet habe und weiß, dass es tief genug ist, kann ich hineinspringen. Wenn ich weiß, dass die fremde Frucht genießbar ist, darf ich sie essen. Wann darf ich also ungezwungen mit einer fremden Kultur oder Religion umgehen? Die entsprechende Antwort wäre: Wenn ich weiß, dass mir keine Gefahr droht – mehr noch, wenn ich erkenne, dass dieser Umgang mir Freude macht, mich sogar bereichert. Das bessere Kennenlernen anderer Religionen und Kulturen kann zum Abbau von Vorurteilen oder einer positiveren Grundeinstellung führen. Jedoch behalten manche Menschen ihr Misstrauen gegenüber einer fremden Religion, wie zum Beispiel dem Islam, bei. Die freundliche türkische Nachbarfamilie gilt dann als „Ausnahme", und man argumentiert vielleicht, dass man anderen Moslems trotzdem mit Vorsicht gegenübertreten sollte.

Erwachsene sind oft befangen, wenn sie Fremden begegnen. Sie sind beunruhigt, weil der/das Fremde anders ist. Gleichzeitig besteht aber ein Reiz gegenüber dem Fremden. Doch trotz der Verlockung des Unbekannten besteht die Gefahr der Abgrenzung vor dem Fremden, und diese Abgrenzung kann bis zur Entwicklung von Rassismus führen.

Wenn ich meinem Kind vermittle, gegenüber fremden Menschen und Einrichtungen zunächst eine gewisse Zurückhaltung walten zu lassen, erziehe ich es damit nicht zu Ausländerfeindlichkeit und Rassismus. Erst wenn ich abschätzige Urteile und negative Wertungen einfließen lasse, bereite ich den Boden für Fremdenfeindlichkeit.

Manche besorgten Eltern raten aus einem weiteren Grund zur Vorsicht gegenüber fremden Religionen und Kulturen. Sie argumentieren: Kinder sind mit zu vielen Einzelheiten über andere Religionen und Kulturen überfordert. Sie kennen ihre eigene Religion doch kaum. Und jetzt sollen sie eine andere verstehen lernen?! Dabei wird häufig übersehen, dass Kinder weit mehr wahrnehmen, als ihre verunsicherten Eltern glauben. Kinder sind aber in der Lage, Informationen zu filtern, wenn sie sich überfordert fühlen. Unbewusst picken sie sich aus dem großen Informationsangebot über die andere Kultur das heraus, was sie in diesem Augenblick wissen wollen. Den Rest vergessen sie einfach. Ihr eigener Glaube wird dabei in der Regel nicht erschüttert. Viele Kinder haben eine ganz unkomplizierte Art, fremde Eindrücke zu verarbeiten. Die immer wieder geäußerte, aber nie bewiesene Gefahr, dass sie die eigene Tradition aufgeben und sich zu einem anderen Glauben bekennen, dürfte unbegründet sein.

Ich persönlich möchte, dass meine Kinder so vorurteilsfrei und aufgeschlossen wie möglich Menschen anderer Religionen und Kulturen begegnen. Ich wünsche mir, dass sie andere kulturelle Welten interessant und spannend finden, dass sie Muslimen, Juden, Buddhisten u. a. mit Taktgefühl, Toleranz, Verständnis – und viel Interesse begegnen. Was kann man erzieherisch tun, um dies zu erreichen?

1. Zunächst sollte man das Kind darauf aufmerksam machen, dass viele Religionen gemeinsame Grundüberzeugungen teilen, auch wenn sie unterschiedlich begründet werden: Viele Religionen sind von der fundamentalen Einheit der Menschen überzeugt, von der Gleichheit und Würde aller Menschen, dem Gefühl für die Unantastbarkeit des Einzelnen und seines Gewissens. Viele Religionen lehren, dass Liebe, Mitleid und Selbstlosigkeit mächtiger sind als Egoismus, Hass und Feindschaft. So fühlen sich Muslime, Juden, Buddhisten verpflichtet, an der Seite der Armen und Bedrückten zu stehen.

2. Man kann einem Kind erklären, dass andere Religionen und Kulturen zum Teil unterschiedliche Werte und Regeln des Zusammenlebens kennen. Man sollte vermeiden, die eigene Religion bzw. Kultur als „normal" hinzustellen, die andere dagegen als „unnormal". Angemessener scheint das Bild eines Spiels oder einer Sportart zu sein: Handball und Basketball sind Ballsportarten mit jeweils unterschiedlichen Regeln. Keine dieser Sportarten ist objektiv „besser" als eine andere. Wenn der Basketballspieler sich mit dem Handballspieler über seine Sportart unterhalten möchte, hilft ihm ein gewisses Grundwissen. Wenn er einmal probeweise mitspielen will, muss er sich an Regeln halten. Dieses Verständnis hilft ihm bei der Kommunikation mit dem anderen, ohne dass er seine

besondere Vorliebe für den eigenen Sport aufgeben muss. Unter Freunden oder Geschwistern ist es durchaus denkbar, dass einer ein Computerfreak, die andere eine Leseratte, der Dritte schließlich ein begeisterter Gitarrenspieler oder Hobbychemiker ist. Im positiven Sinn respektiert man die Vorliebe des anderen und zeigt Verständnis. Wenn Angehörige fremder Kulturen zu meinem Freundeskreis gehören, ist es nicht nur ein Gebot der Höflichkeit, sondern auch hilfreich, mich für ihre Regeln des Zusammenlebens zu interessieren: Was muss ich beachten, wenn ich ihre Wohnung betrete oder gar den Andachtsraum bzw. eine Moschee oder Synagoge? Man kann sich gemeinsam mit seinem Kind darüber informieren und ihm vielleicht erklären, dass dies ähnlich wie ein neues Spiel mit ganz besonderen Regeln ist. Dabei ist es vorteilhaft, wenn das Kind schon elementare Erfahrungen mit der eigenen Religion gemacht hat, um das Fremde besser zu verstehen. Wer in einer nichtreligiösen Familie aufwächst, wird vermutlich schwerer Verständnis für das religiös bedingte Verhalten anderer Menschen aufbringen. Wer aber selber religiöse Erfahrungen gemacht hat, kann andere nachempfinden.

3. Man kann bereits einem Kind klarmachen: Das Selbstbild, das Angehörige einer anderen Religion von sich haben, und das Fremdbild, das wir von dieser Religion haben, sind nicht deckungsgleich. Wenn deutsche Kinder eine muslimische, Kopftuch tragende Mitschülerin beurteilen, könnten sie zu dem Schluss kommen: Fatima ist altmodisch. Sie zieht sich anders an, weil sie nichts mit uns zu tun haben will. Ihr Fremdbild der muslimischen Mitschülerin unterscheidet sich sehr von Fatimas Selbstbild. Fatima trägt nämlich ein Kopftuch, weil ihre Eltern erwarten, dass ein anständiges muslimisches Mädchen sich so kleidet. Sie hält sich weder für altmodisch noch für langweilig, sondern möchte eine gute Tochter sein.

Christliche Theologen deuteten und deuten Judentum und Islam immer noch oft als Gesetzesreligionen. Sie glauben zu wissen, dass die Gläubigen unter der Last ihrer vielen Vorschriften leiden, sich unter dem Gesetz geknechtet fühlen.

Die gerade von Juden und Muslimen empfundene „Freude an der Erfüllung des Gesetzes“ – also ihr Selbstbild – wurde und wird oft nicht wahrgenommen. Man sollte seine Kinder dazu ermutigen, die aus anderen Religionen und Kulturen stammenden Freunde und Spielgefährten nach ihrer Sicht der Dinge zu befragen.

4. Man kann Kindern klarmachen, dass das Verhalten fremder Menschen nicht einseitig religiös oder ethnisch motiviert ist. Wenn sich ein türkischer Klassenkamerad häufig prügelt oder seine Hausaufgaben nicht macht, heißt das nicht: Muslime oder Türken sind besonders aggressiv oder faul. Der Junge kann einfach schlecht erzogen sein und/oder persönliche Probleme haben. Vielleicht haben seine Eltern besondere Erziehungsschwierigkeiten mit ihm und deshalb zu wenig Zeit für ihn.

Das Stereotyp der Türke, der Muslim, der Jude, der Buddhist oder der Pole usw. muss in viele Untergruppen aufgelöst werden, deren einzelne Eigenschaften sich sogar widersprechen können. Es gibt Gegensätze zwischen Jung und Alt, Mädchen und Jungen, Konservativen und Fortschrittlichen. Oft sind die Unterschiede innerhalb einer religiösen oder konfessionellen Gruppe viel gravierender als die zwischen verschiedenen Glaubensgemeinschaften. Man kann schon jüngeren Kindern erklären, dass es auch ganz unterschiedliche deutsche/ christliche Kinder im Bekanntenkreis gibt, die sich in ihrem Verhalten und Charakter unterscheiden, obwohl sie alle zur selben Religion bzw. Kultur gehören. Selbst die Mitglieder einer Familie oder die Bewohner einer Straße ähneln sich in vielem ganz und gar nicht.

Davon abgesehen, gibt es menschliche Gefühle, die religions- bzw. kulturübergreifend sind: Kinder freuen sich in bestimmten Situationen, in anderen sind sie unsicher und ängstlich oder empfinden Kummer und Trauer.

5. Prinzipiell sollte man in Bezug auf fremde Religionen und Kulturen monokausale Erklärungsmuster vermeiden. In einem älteren Schulbuch konnte man lesen: „Ein Muslim hat sich vor dem Ornament einer Moschee zu einem kurzen Schlaf

hingelegt. Er kann sich die Ruhe mitten am Tag gönnen, denn er weiß, dass sich alles so fügen wird, wie Allah es vorherbestimmt hat. Gelassenheit und Fatalismus wohnen in den Herzen vieler Muslime nahe beieinander."

Die Tatsache, dass ein Araber eine Mittagsruhe hält, nimmt dieses Buch zum Anlass, um Rückschlüsse auf ein allmächtiges Gottesbild und ein fatalistisches Menschenbild zu ziehen. Es wäre sicherlich sinnvoll gewesen, den klimatischen Aspekt mit zu berücksichtigen, sich zu vergegenwärtigen, dass aufgrund der heißen Temperaturen die Arbeit auf den Feldern schon ganz früh am Morgen beginnt, die Mittagspause dagegen viel länger ist als bei uns. Dafür sind die Geschäfte wie auch in Italien und Spanien bis weit in die Nacht geöffnet. Das Bild eines europäischen Arbeiters, der sich in der Mittagspause im Schatten eines Baumes ausruht und ein Bier trinkt, würde von uns vermutlich nicht vor dem Hintergrund des christlichen Gottes- und Menschenbildes bewertet. Bei der Beurteilung sind unterschiedliche Assoziationen im Spiel. Vielleicht unterstellen wir, dass Orientalen von Natur aus faul sind und ihre Siesta ein Dauerzustand ist, während sich der europäische Arbeiter seine Pause ehrlich verdient hat.

In Gina Ruck-Pauquets Geschichte „Johannes" wird ein Missverständnis bei der Begegnung zwischen zwei Kulturen beschrieben. Der wenig wortgewandte und zurückhaltende Maurerlehrling Johannes will dem türkischen Jungen Abdul eine Freude machen. Er schenkt ihm sein Leberwurstbrot, das er sich vom Munde abspart. Wie groß ist seine Enttäuschung, als er herausfindet, dass Abdul eben dieses Brot weggeworfen hat. Er fühlt sich missverstanden, gekränkt und in seinem Freundschaftsangebot zurückgewiesen, weil er das Wegwerfen des Leberwurstbrotes nur als Akt der Unfreundlichkeit deuten kann. Erst als ihm ein älterer Arbeiter auf dem Bau erklärt, warum der Muslim Abdul das Brot aus religiösen Gründen nicht essen darf (die Leberwurst enthält Schweinefleisch), empfindet Johannes ungeheure Freude und Erleichterung, weil Abdul ihn gar nicht kränken wollte und sein Freundschaftsangebot doch nicht zurückgewiesen wurde.

6. Bei der Beschreibung fremder Religionen und Kulturen sollte man von verallgemeinernden Aussagen Abstand nehmen. Urteile, die stark verallgemeinern und pauschalieren, sind meistens falsch, jedoch immer übertrieben. Generalisierende Aussagen über ein ganzes Volk, eine ganze Religion sollten unbedingt vermieden werden.

Man kann schon Kindern erklären, dass Formulierungen wie der Deutsche, der Araber, der Jude, der Buddhist sowohl sachliche Begriffe sind als auch Stereotypen beinhalten. In vielen Zusammenhängen lässt sich jedoch kein klarer Trennstrich zwischen einem eher beschreibenden Begriff und einem emotional wertenden Stereotyp ziehen. Nicht nur Gruppenbezeichnungen mit eindeutig negativer Bedeutung (Pollacke, Neger, Itaker, Kümmeltürke) können abwertende Empfindungen freisetzen. Auch vermeintlich neutrale Begriffe wie Farbiger, Araber, Muslim oder Türke können dies.

Der Begriff Rasse sollte, wie auch der marokkanische Erzähler Tahar Ben Jelloun in seinem Bestseller „Papa, was ist ein Fremder?“ erklärt, allenfalls bei der Beschreibung von Tieren verwandt werden. Was Menschen betrifft, so hat niemand „das Recht, auf der Grundlage von Äußerlichkeiten wie Hautfarbe, Größe, Gesichtszüge eine Aufteilung und unterschiedliche Bewertung der Menschheit vorzunehmen.“

7. Wenn man mit Kindern über andere Religionen spricht, sollte man zur Fairness anleiten. Das Idealbild der eigenen Religion mit der Praxis der anderen zu vergleichen ist unfair. Ein Kind wird begreifen, dass die Religionen Regeln lehren, wie Menschen miteinander umgehen sollen, dass sich aber leider nicht alle daran halten. Mit älteren Kindern kann man über die Entstehung von Religionsmissbrauch sprechen. Oft werden Konflikte dadurch geschürt, dass eine ethnische Mehrheit eine Minderheit im Namen der Religion unterdrückt und die Religion so missbraucht. Wenn sich die Religionsvertreter nicht als gleichberechtigte Partner in einem politischen Konflikt gegenüberstehen, ziehen sie sich zwangsläufig in eine aggressive Defensivhaltung zurück. Manche Gläubige fühlen sich von den Kräften der Modernisierung und Globalisierung in ih-

rer Identität bedroht. Sie reagieren unsicher und aggressiv, weil sie sich schwach und in der Defensive fühlen.

Das Wir-Bewusstsein einer religiösen und kulturellen Gruppe greift auf die Geschichte, Mythen und Symbole der eigenen Gruppe zurück. Diese Gruppenidentität kann im positiven Sinn zu einem starken Solidaritäts- und Wir-Gefühl führen. Sie kann aber auch Mob-Bildung und Massenfanatismus entstehen lassen. Auch hier bieten sich Vergleiche zum Sport an. Wenn eine Mannschaft gut zusammenhält, Team-Geist besitzt und gemeinsam gute Leistung bringt, ist das etwas Positives. Dabei kann ich auch die Leistung der anderen Mannschaft würdigen, auch wenn sie im Spiel mein Gegner ist. Dennoch erleben wir gerade im Sport, dass der faire Umgang mit dem Gegner nicht verwirklicht wird. Beim Umgang von Angehörigen anderer Religionen und Kulturen ist das grundsätzlich nicht anders. Oft wirken sich Konflikte und Ungerechtigkeiten aus der Vergangenheit bis in die Gegenwart aus. Wenn aber die gesellschaftlichen Voraussetzungen dafür geschaffen werden, dass sich die Angehörigen verschiedener Religionen als gleichberechtigte Partner im Dialog gegenüberstehen, fördert dies den fairen Umgang miteinander. In einer Kindergartengruppe oder Schulklasse könnte ein Anfang versucht werden.

Das kann im Idealfall so weit gehen, dass man die Vorbilder und Helden anderer Traditionen ernst nimmt und achtet.

Weiterführende Literatur:

Viktor Klemperer, LTI (Lingua Tertii Imperii): Notizbuch eines Philologen, Leipzig 1996 (1. Aufl. Berlin 1947)

Michael Klöcker/Udo Tworuschka (Hg.), Handbuch der Religionen. Kirchen und andere Glaubensgemeinschaften, Landsberg/München 1997ff. (Loseblattwerk mit jährlich 2-3 Ergänzungslieferungen)

Manfred Kwiran/Peter Schreiner/Herbert Schultze (Hg.), Dialog der Religionen im Unterricht, Münster (Comenius-Institut) 1996

Johannes Lähnemann (Hg.), Evangelische Religionspädagogik in interreligiöser Perspektive, Göttingen 1998

Lexikon der Religionspädagogik, hg. von Norbert Mette/Folkert Rickers, Neukirchen 2000
Karlo Meyer, Zeugnisse fremder Religionen im Unterricht. „Weltreligionen" im deutschen und englischen Religionsunterricht, Neukirchen 1999
Gottfried Orth, Du sollst nicht bekehren deines Nächsten Kind, Frankfurt a. M. 1995
Folkert Rickers/Eckart Gottwald (Hg.), Vom religiösen zum interreligiösen Lernen, Neukirchen-Vluyn 1998
Tahar Ben Jelloun, Papa, was ist ein Fremder? Berlin 1999
Udo Tworuschka (Hg.), Methodische Zugänge zu den Weltreligionen, Frankfurt a. M./München 1981

Zweiter Teil

3. Symbole und Bilder

Manche Menschen heben Reiseandenken oder Postkarten auf, wenn sie bestimmte Länder besucht haben. Damit wollen sie die Erinnerung an schöne Momente festhalten. Jedes Erinnerungsstück hat für den Betreffenden eine besondere Bedeutung. Andere, die eine Reise zum selben Ziel nicht unternommen, nicht dasselbe erlebt haben, können dies nicht so ohne weiteres nachvollziehen. Die Religionen verwenden ebenfalls Symbole, um an wichtige Heilsereignisse oder Inhalte ihrer Religion zu erinnern.

Symbole an sich gibt es nicht. Symbole werden gestiftet. Für den Nichteingeweihten ist das Symbol nur ein vordergründiger Gegenstand, während der Gläubige das dahinter „Gemeinte" sieht.

Ebenso wie Sportfans sich in Hooligans verwandeln können, wenn sie das Emblem oder Mitglieder der gegnerischen Mannschaft sehen, lösen bestimmte Symbole der einen Religion bei der anderen Gefühle der Ablehnung aus, insbesondere dann, wenn die Begegnungsgeschichte beider Traditionen fehlgelaufen ist. Die Symbole Kreuz und Halbmond wurden in der Vergangenheit oft strapaziert, um den vermeintlich unüberbrückbaren Gegensatz zwischen dem christlichen Europa und der islamischen Welt in Erinnerung zu rufen.

Christliche Symbole

Das zentrale Symbol des Christentums ist das Kreuz. Es verweist auf Kreuzigung und Auferstehung Jesu Christi. Das Kreuz steht für Leben und Tod, auch für Hoffnung und Heil. Katholische Christen schlagen bei verschiedenen Gelegenheiten ein Kreuz, zum Beispiel, wenn sie die Kirche betreten. Kreuze finden sich u. a. auf Gesangbüchern, Bibeln, Todesanzeigen und Grabsteinen. Kreuze werden sogar von weniger religiös oder überhaupt nicht religiös eingestellten Menschen als Anhänger getragen. Ein Jugendlicher: „Das Kreuz ist eine geile Sache".

Die sehr beliebte Kreuzwegandacht ermöglicht im katholischen Raum konkrete Christus-Nachfolge. Sie verhilft dem Frommen dazu, sich in die Leiden Christi zu versenken, mit dem Meister im Geiste die 14 Stationen seines Leidensweges vom Todesurteil im Gericht bis zum Grabe mitzugehen. Der Meditierende veranschaulicht sich den Inhalt jeder einzelnen Station (statio = Passionsgedenkstätte). Er redet Christus an und versucht schließlich, dessen Leiden auf sich selbst zu nehmen. Erst seit der Mitte des 15. Jh. gibt es an Wegen und in Kirchen solche Kreuzwege, deren (zahlenmäßig variierenden) Stationen räumlich voneinander getrennt waren, so dass man vom eigentlichen Beschreiten eines Weges sprechen kann. Die 14 Kreuzwegstationen sind folgende: 1. Verurteilung Jesu zum Tode; 2. Jesus nimmt das Kreuz auf die Schulter; 3. Jesus fällt zum ersten Mal unter dem Kreuz; 4. Jesus begegnet seiner betrübten Mutter; 5. Simon von Cyrene hilft Jesus, das Kreuz zu tragen; 6. Veronika reicht Jesus das Schweißtuch; 7. Jesus fällt zum zweiten Mal unter dem Kreuz; 8. Jesus tröstet die weinenden Frauen; 9. Jesus fällt zum dritten Mal unter dem Kreuz;

10. Jesus wird seiner Kleider beraubt; 11. Jesus wird ans Kreuz geschlagen; 12. Jesus wird erhöht und stirbt am Kreuz; 13. Jesus wird vom Kreuz abgenommen und in den Schoß der Maria gelegt; 14. Der Leichnam Jesu wird in das Grab gelegt. Neuere Kreuzweganlagen fügen als 15. Station die Auferstehung hinzu.

Ein weiteres christliches Symbol ist der Fisch, ursprünglich ein geheimes Erkennungszeichen der Christen. Auf Griechisch heißt Fisch Ichthys. Die frühen Christen verwandten den Fisch als Bild für Christus, weil die Anfangsbuchstaben des griechischen Wortes zentrale Inhalte ihres Glaubens bezeichneten: I = Jesus, CH = Christus, th = theu, y = hyios, s = soter. Auf deutsch: Jesus Christus, Gottes Sohn, Retter. Auch heute verwenden insbesondere evangelikale Christen dieses Symbol, wenn sie betonen wollen, dass sie sich zum Christentum bekennen. Zum Beispiel gibt es Fische als Autoaufkleber.

Jüdische Symbole

Als jüdisches Symbol begegnet uns vor allem der siebenarmige Leuchter, die so genannte Menorah. Dieser Leuchter wurde während der 40-jährigen Wanderung durch die Wüste auf Befehl Gottes zusammen mit anderen heiligen Geräten hergestellt und gehört zu den Kultgeräten des Stiftzeltes. Später stand er im Tempel von Jerusalem. Die sieben Arme stellen die sieben Weltrichtungen dar: Ost, West, Nord, Süd, oben, unten sowie der Standort des Menschen selbst. Alle sieben Arme sollen vom Licht des heiligen Geistes erleuchtet werden. Die Fenster des einstigen Tempels waren so angelegt, dass kein Tageslicht hineinfiel, sondern das Licht der Menorah aus dem Heiligtum hinausdrang. Die Menorah symbolisierte die von

Zion ausgehende Erleuchtung. Sie war Bild für den Auftrag Israels, ein Licht für die Völker zu sein. Die Menorah wurde nach der Zerstörung des zweiten Tempels 70 n. Chr. zusammen mit dem übrigen Tempelschatz verschleppt. Seitdem gilt sie als verschwunden.

Bereits in der Antike gehörte die Menorah zu den häufigsten jüdischen Symbolen. Sie befand sich auf Münzen, war auf Tonlampen, Glasflaschen, Gläsern zu sehen. Bei Synagogenbauten wurde der Leuchter auf Kapitellen, Steinreliefen und Mosaikböden abgebildet. Auf Gräbern sieht man die Menorah mit brennenden Kerzen. Dort gilt sie als Bild für das ewige Leben. Im Mittelalter wurde die Menorah Symbol für den dritten Tempel, der errichtet werden soll, wenn der Messias kommt. Auch deshalb ist der siebenarmige Leuchter seit 1948 offizielles Emblem des Staates Israel.

Der Magen David („Schild Davids") ist ein weiteres wichtiges jüdisches Symbol. Fälschlicherweise wird es oft als Davidstern bezeichnet. Dabei handelt es sich um zwei ineinander verschachtelte Dreiecke, die zusammen einen sechszackigen Stern bilden. In biblischer Zeit diente dieser Stern zur Dekoration. Ob der Schild Davids in Wirklichkeit diese Form hatte, ist nicht bekannt. Im Mittelalter wurde es zunehmend üblich, dieses Symbol als „Siegel Salomos" oder „Schild Davids" zu bezeichnen. Im 16. Jh. benutzte die jüdische Gemeinde in Prag das Emblem zum ersten Mal, um ihre jüdische Identität zu bekunden. Der jüdische Religionsphilosoph und Pädagoge Franz Rosenzweig (1886-1929) gab seinem bedeutenden Hauptwerk den Titel „Stern der Erlösung" (1921), womit der Magen David gemeint war. Die sechs Zackenspitzen sollen Gott-Welt-Mensch und Schöpfung-Offenbarung-Erlösung bedeuten. Der

Stern wurde so zum Bild für das messianische Zeitalter und den Weg dorthin. Schließlich entwickelte sich der „Schild Davids" durch den Zionismus zum Symbol der jüdischen Nationalbewegung und findet sich heute auf der israelischen Fahne. Die Nazis missbrauchten dieses Symbol, um jüdische Bürger zu diskriminieren, indem sie sie zwangen, den „Judenstern" auf ihre Kleidung aufzunähen.

Islamische Symbole

Für Muslime gibt es zwei wichtige Symbole: das Wort Allah und die Sichel des Neumonds. Der arabische Schriftzug des Wortes Allah befindet sich vergrößert in vielen Moscheen und Wohnungen. Muslime wollen darauf hinweisen, wie wichtig für sie der Glaube an den einen und einzigen Gott ist. Daneben ist auch der ganze Satz des islamischen Glaubensbekenntnisses, La ilaha ila Allah, anzutreffen. „Es gibt keine Gottheit außer dem Gott." Wenn Muslime den kunstvoll gestalteten arabischen Schriftzug sehen, wissen sie sich in der Nähe des einen barmherzigen Gottes geborgen.

Die Sichel des Neumondes (Hilal) wird im Westen oft ungenau Halbmond genannt. Da das islamische Jahr nach dem Mondkalender berechnet wird, sind zahlreiche religiöse Feste und andere wichtige Termine vom Erscheinen des neuen Mondes abhängig. So beginnt der Fastenmonat Ramadan erst mit der Sichtung der Mondsichel. In vielen Ländern vergewissern sich Muslime durch Anfragen bei hohen religiösen Autoritäten in Mekka, ob die Mondsichel bereits gesichtet worden ist. Sie wollen ganz sichergehen, ihre Fastenzeit nur ja zum richtigen Zeitpunkt zu beginnen und zu beenden. Bei bedecktem

Himmel werden sogar Flugzeuge ausgesandt, um die Mondsichel zu erspähen. Auch für den Beginn der Pilgerfahrt und das Opferfest ist das Erscheinen der Mondsichel von Bedeutung. Das Motiv der Mondsichel wurde in der islamischen Kunst und beim Prägen von Münzen verwandt. Heute findet sich die Mondsichel auf Flaggen, Hoheitszeichen sowie anderen Emblemen muslimischer Staaten und Organisationen. Das Gegenstück zu unserem Roten Kreuz ist in islamischen Ländern der Rote Halbmond.

Buddhistische Symbole

Das wichtigste buddhistische Symbol ist ein Rad mit acht Speichen. Buddha setzte im 5. vorchristlichen Jh. das „Rad der Lehre“ in Bewegung, das niemand aufhalten kann. In buddhistischen Texten wird Buddha mit einem weltlichen Monarchen verglichen, der die universelle Herrschaft beansprucht, indem er die Räder seines Streitwagens über die ganze Erde laufen lässt. Jede der acht Speichen – es gibt auch mehrspeichige Räder – steht für einen Teil des „edlen achtfachen Pfades“, dessen Beachtung dem Gläubigen den Weg zum Nirwana eröffnet:

1. Richtiges Verstehen der vier edlen Wahrheiten
2. Richtiges Denken, seine Gedanken von Hass, Gier und Übelwollen befreien
2. Richtiges Reden
3. Richtiges Handeln
4. Richtiges Leben
5. Richtiges Streben

6. Richtiges Gedenken
7. Richtiges Sich-Versenken

Das Rad-Symbol findet sich in ganz Asien über dem Eingang buddhistischer Tempel oder ihren Toreingängen, auf Büchern, Fahnen, Kleidungsstücken. In Ostasien benutzen buddhistische Priester vergoldete Bronzeräder als Ritualgeräte. Das Rad-Symbol – ursprünglich ein Symbol Buddhas selbst – erinnert Buddhisten daran, was sie beachten müssen, um ihr Heilsziel zu erreichen.

Hinduistische Symbole

Als wichtigstes hinduistisches Symbol gilt die Ursilbe AUM: Sie ist auch Symbol des Brahman, des Absoluten. Das dreiteilige Symbol steht für die körperliche, geistige und unbewusste Welt. Das Symbol weist gleichzeitig auf drei Bewusstseinszustände hin: das A steht für das Wachbewusstsein, das U für das Traumbewusstsein, das M für den traumlosen Tiefschlaf. Der Punkt versinnbildlicht das höchste Bewusstsein oder das Selbst. Es schaut ihnen zu bzw. durchdringt sie.

Allgemeine Symbole

Viele Symbole haben eine die einzelnen Religionen verbindende Bedeutung. Über ihre Grundbedeutung hinaus versinnbildlichen sie jeweils religionsspezifische Erfahrungen.

Licht

Licht vertreibt die Angst, spendet den Menschen Trost. Darüber hinaus ist das Licht ein eindrucksvolles Bild für das Heilige und für Gott. Sonne, Blitz, Mond und Feuer waren in der Religionsgeschichte wichtige Manifestationen der Gottheit. Den himmlischen Wesen, den Engeln, werden als Heilbringern lichtvolle Eigenschaften zugeschrieben.

In vielen Religionen spielt das „ewige Licht" eine bedeutende Rolle. Es ist ein wichtiges Symbol in katholischen Kirchen und zeigt die Anwesenheit Christi an. Der „Priestersegen" erklingt im Gottesdienst von Synagoge und Kirche: „Der Herr segne dich und behüte dich; der Herr lasse sein Angesicht leuchten über dir und gebe dir Frieden." (Num 6,24–26)

Der Prophet Jesaja erblickt in einer Vision Gott auf einem Thron sitzend, während ein gewaltiger Lichtglanz die ganze Erde erfüllt.

Im Neuen Testament gilt Licht als Symbol Gottes und Jesu Christi. „Und das ist die Botschaft, dass Gott Licht ist und in ihm keine Finsternis" (1. Joh 1,5). In der prachtvollen Lichtsure (Sure 24,35) des Korans wird Gott als Licht erfahren, als „Licht über Licht".

Mohammed geleitet die Menschen aus der Finsternis des Unglaubens in das Licht des Glaubens. Berühmt ist sein Lichtgebet: „Gott setze Licht in mein Herz, in mein Grab und Licht vor mich und hinter mich, rechts von mir und links von mir und Licht über mich und Licht unter mich."

Der japanische Buddha Amithaba wird als eine gnadenspendende Gottheit und „unermesslicher Lichtglanz" erfahren.

Viele Religionen verwenden zu bestimmten Anlässen den Lichtglanz von Kerzen. Man findet sie oft in Kirchen. Täuflinge erhalten ihre eigene Taufkerze. Seit dem Mittelalter gehört die Kerze auch zu jeder Brautmesse. In Jerusalem war es ein alter Brauch, das Licht der Osterkerze an die Mitfeiernden weiterzugeben. Die Osterkerze wird in der Osternachtliturgie am geweihten Feuer entzündet und in den dunklen Kirchenraum getragen.

In der Adventszeit werden an den vier Sonntagen nach und nach die vier Kerzen des Adventskranzes entzündet. Schritt für Schritt wird es heller, wenn das Licht die Finsternis vertreibt. Aus einem ähnlichen Grund sind die Moscheen in der Ramadanzeit besonders festlich erleuchtet. Auch das jüdische Chanukka ist ein Lichterfest. Bei dem hinduistischen Lichterfest Divali steht der Sieg des Guten über das Böse im Mittelpunkt, symbolisiert durch das Entzünden von Lichtern.

Festlichkeit, Hoffnung und Freude drückt das warme Kerzenlicht auch im säkularen Bereich aus. Auf der Geburtstagstorte befindet sich für jedes Jahr eine Kerze und in der Mitte das Lebenslicht, das nicht zusammen mit den anderen Kerzen ausgepustet werden darf.

Festliche Essen werden von Kerzenlicht begleitet. Bei Pop- oder Rockkonzerten unterstreicht das Entzünden von Wunderkerzen oder Feuerzeugen die begeisterte Stimmung.

Wasser

Ursprünglich war das Wasser selbst eine heilige Substanz. Es galt auch in vielen Religionen als Sitz von Geistern und Göttern. Quellen und Flüsse werden als heilbringend verehrt, zum Beispiel die Mutter Ganga (Ganges) bei den Hindus.

Der Koran erzählt, dass die Erde auf Wasser ruht. Er erwähnt Ozeane, auf denen Schiffe fahren. Muslime sehen im Ozean ein Bild für Gott, während das Bild eines zerbrechlichen Boots ein Symbol des Menschen ist. Im Paradies und im himmlischen Jerusalem spenden Brunnen und Quellen das Lebenswasser. In der Sprache des Alten Testaments ist Jahwe die Quelle des sprudelnden, lebensbejahenden Wassers (Jer 2,13). Im Neuen Testament heißt es: „Wahrlich, wahrlich ich sage dir: Es sei denn, dass jemand geboren wird aus Wasser und Geist, so kann er nicht in das Reich Gottes kommen." (Joh 3,5)

Viele Religionen verwenden Wasserrituale, um den Eintritt des Menschen in einen neuen Zustand oder eine neue Gemeinschaft zu symbolisieren. Wasser spielt bei der Taufe für Christen eine wichtige Rolle, für katholische Christen auch als Weihwasser. Die christliche Taufe symbolisiert die Zugehörigkeit zur Kirche. Das Wasser ist hier nicht nur ein Bild für Reinheit. Das Eintauchen in das Wasser versinnbildlicht den Tod, das Ende des vergangenen Lebensabschnitts, während das Auftauchen den Beginn eines neuen Lebens symbolisiert.

Im Judentum wird ein Tauchbad bei Glaubensübertritt, nach jeder rituellen Verunreinigung und vor der Hochzeit vorgenommen. Der Islam fordert eine Ganzwaschung nach Geburt und Menstruation sowie vor der Hochzeit. Die Waschung vor dem Gebet dient Muslimen nicht nur zur Sauberkeit; denn Gott hat nach ihrer Überzeugung das Wasser auch zur inneren Reinigung des Herzens vom Himmel herabgesandt. Buddhisten nehmen ein Bad, bevor sie ins Kloster eintreten, Hindus reinigen sich rituell, bevor sie die heilige Schnur erhalten.

Neben der lebenserhaltenden wird auch die lebensbedrohende Kraft des Wassers in vielen Religionen erfahren. Viele Religionen, nicht nur Judentum, Christentum, Islam und Hinduismus, erzählen Geschichten von einer großen Flut (Sintflut), die nur wenige rechtschaffene Menschen überlebten.

Baum

Der blühende, Früchte tragende Baum ist ein Symbol des Lebens. Weit verbreitet ist der Brauch, bei der Geburt eines Kindes einen Baum zu pflanzen. Der Baum kann heilige Stätte, kosmischer Baum und Lebensbaum sein. Bäume veranschaulichen das Geheimnis von Wachstum und Vergehen, Leben und Sterben. Der Paradiesbaum der hebräischen Bibel ist Baum der Erkenntnis und zugleich Baum des Lebens. Der Islam kennt einen Lebensbaum, dessen Zweige die Namen Gottes symbolisieren. Als „Baum des Lebens" erschien mittelalterlichen Mystikern das Kreuz. Auch Jesus wurde als Baum des Lebens bezeichnet. Bäume werden teilweise als lebendige Gottheiten verehrt. Die Heiligkeit der Bäume machte Wälder und Haine zu bevorzugten Kultstätten. Der Volksglaube schreibt Bäumen die Fähigkeit zu, Segen zu spenden. Gern werden sie daher auch in der Nähe von Gräbern gepflanzt. Neben Heiligengräbern stehen oft Bäume, an deren Zweige Besucher ihre Wünsche und Gelübde hängen.

Manche Religionen stellen sich das gesamte Universum als Baum vor, dessen wertvollste Frucht der Mensch ist. Der Baum symbolisiert die Gottheit bzw. ihre göttliche Gnade. Der siebenarmige Leuchter des Judentums versinnbildlicht in bestimmten jüdischen Traditionen dem Himmelsbaum, der die Planeten trägt.

Judentum, Christentum und Islam sehen im Baum ein Bild für Aufrichtigkeit, Standhaftigkeit und innere Stärke.

In Israel wird das Neujahrsfest der Bäume als besonderes Fest gefeiert.

Buddhisten verehren den Feigenbaum, unter dem der Gouverneurssohn Siddharta Gautama zum Buddha, d. h. zum „Erwachten" wurde. Der berühmte indische Herrscher Ashoka (3. Jh. v. Chr.), der viel zur Verbreitung des Buddhismus beitrug, ließ einen Ableger dieses Baumes nach Sri Lanka (Ceylon) bringen. Heute findet sich ein solcher Baum in jedem Klostergarten.

Auch der vom Baum abgetrennte Zweig birgt Heiligkeit. Ölzweige gelten als Zeichen des Friedens. Am Palmsonntag werden Palm- und Ölzweige in feierlicher Prozession herumgetragen. Im Islam ist es üblich, Gäste und zurückgekehrte Mekkapilger mit Kränzen zu schmücken.

Berg

Schon immer haben Berge den Menschen fasziniert. Berge vermitteln nicht nur ein Gefühl des „mysterium fascinans" und „augustum", also des Bestrickenden und Erhabenen, sondern auch des schreckenerregenden „tremendum". Berge symbolisieren Dauer und Ewigkeit, sind dem Himmel nahe. Sie gelten als Vermittler zwischen der diesseitigen und der jenseitigen Welt. Berge sind oft fern und majestätisch, können einladend und abweisend wirken. Als Vulkane stellen sie eine Bedrohung dar. Aber sie gewähren dem Menschen auch Reichtümer. Aus ihrem Innern entspringen Quellen und Flüsse. In ihnen verborgen befinden sich Erze und Mineralien, auf ihren Hängen Wald und Wild. Besonders machtvolle Berge rufen bei den Menschen Scheu und Ehrfurcht hervor. Sie gelten als „heilige

Berge", wie zum Beispiel der Olymp (frühgriech. „Berg") bei den Griechen, der als Berg des Himmelsvaters Zeus und seiner Gattin Hera galt, später auch als Sitz der anderen Götter. Bei Homer ist Zeus der Wolkensammler, der in der Höhe Donnernde, der Schleuderer der Blitze und Sender des Regens. Die ägyptischen Schöpfungsmythen erzählen von Urhügeln, die aus dem Chaos auftauchen und von denen der Schöpfergott sein Werk begann. Von diesen Hügeln nahm die geordnete Welt ihren Anfang.

Der Sinai war der heilige Berg der Israeliten, der Berg Hira Gebetsort Mohammeds und Offenbarungsstätte des Islam.

Der Himalaya, eine riesige Gebirgskette an der Nordgrenze Indiens, wird von Hindus und Tibetern gleichermaßen als heilig angesehen. Die Veden preisen dieses Gebiet als „Land der Götter". Nach dem Mahabharata-Epos opfern auf seinen Gipfeln die Götter. Im Zentrum des Himalaya befindet sich der kosmische Berg Meru. Er ragt nach dem Glauben der Hindus im Zentrum des Universums auf. Genau ihm gegenüber befindet sich der Polarstern. Um seine Achse kreisen Sonne, Mond und Sterne. Meru ist ein hell leuchtender Berg, dessen vier Seiten in alle Himmelsrichtungen zeigen. Der Norden besteht aus Gold, der Osten aus Silber, der Süden aus Saphiren, der Westen aus Kristallen und Korallen. Ursprünglich glaubte man, dass der Ort Merus im Himalaya läge. Im Laufe der Zeit rückte er immer weiter nach Norden und gewann kosmische Dimensionen. Hindus und Buddhisten kennen sieben konzentrische Zonen, in welche die Weltscheibe rings um den Berg Meru aufgeteilt ist. Sie türmen sich zu sieben Gebirgen auf, die wiederum von sieben Meeren getrennt sind. Jenseits der siebten Ringmauer liegt der Weltozean. In der mythischen Vorstellung entspringt der Ganges auf dem Meru-Gipfel und teilt sich in vier Arme, die dann in die Tiefe strömen. Weil sich in den Gipfeln des Himalaya die Heiligkeit konzentriert, sollte niemand dort achtlos stehen. Sherpa Tenzin, der gemeinsam mit Sir Edmund Hillary die Erstbesteigung des Mount Everest unternahm, sagte einmal: „Viele von uns fanden dort oben den Glauben. Wir betraten unbefugt heiligen Boden. Ich hoffe nur, dass der Berg mir die Schritte verzeiht, die ich in ihn gehackt habe. Je höher wir gingen, desto stärker konnten wir seinen Mantra hören, der mit dem Wind kämpfte".

Der „silberne Berg" bzw. der „Eisberg" Kailas(a), im westlichen Tibet, gilt als Thron Shivas. Diese Gebirgskette hat für Buddhisten, Hindus und Jainas eine große Bedeutung. Auch in vorbuddhistischer Zeit verehrten ihn die Anhänger der dem nordeurasiatischen Schamanismus verwandten tibetischen Bonpo-Religion. Weil der Kailas ein einzeln stehender Berg ist, wird er gern von Pilgern umrundet.

Viele Erzählungen aus der Bibel stehen in Zusammenhang mit Bergen. Noah soll mit seiner Arche auf dem Berg Ararat gelangt sein, Abraham stieg auf den Berg Moria, um Isaak zu opfern, Mose empfing auf dem Berg Sinai die Zehn Gebote. Vor seinem Tod stieg er auf den Berg Nebo, von dessen Gipfel er das Land Kanaan sehen konnte, das er selber nicht mehr betreten durfte. Der Prophet Elia kommunizierte mit Gott auf dem Berg, und Jesus hielt nach Matthäus 5–7 auf einem nicht näher bezeichneten Berg seine „Bergpredigt".

Viele Heiligtümer befinden sich auf Anhöhen, Hügeln oder Bergen. Die Mesopotamier, Ägypter, Azteken und Mayas errichteten imposante Stufentempel, um Himmel und Erde zusammenzuführen. Besonders imponierend ist der tibetische Potala, der Tempelberg in Lhasa. Seinen Namen verdankt er dem gleichnamigen nordindischen Berg, der als Wohnstätte des Bodhisattva der Gnade Avalokiteshvara gilt.

Gestirne

Der alttestamentliche Prophet Maleachi preist Gott als „Sonne der Gerechtigkeit". In der Bergpredigt ist die Sonne ein Bild für die umfassende göttliche Liebe. Die Sonne als Symbol für Gott und Jesus spielt auch in zahlreichen Kirchenliedern eine Rolle. Im Islam gilt die Sonne als Bild für die Strahlkraft des Göttlichen und des Propheten. Nach einer Überlieferung bezeichnete Mohammed sich als Sonne und seine Gefährten als Sterne.

Fromme Hindus beginnen den Tag mit dem berühmten Gayatri-Mantra: „Lasst uns über die herrlichen Strahlen der göttlichen Sonne meditieren. Möge sie unseren Geist anregen."

Manche Kulturen rechnen nach dem Sonnenkalender, andere nach dem Mondkalender. Vor allem für Muslime ist der Mond ein Gestirn, das die Zeit gliedert. Besonders verbreitet war der Mondkult in Babylonien und Griechenland.

Japanische Shinto-Fromme klatschen beim aufgehenden Mond in die Hände, in der Türkei grüßt man den aufgehenden Mond mit einem Vers. Auch Juden heißen in der ersten Woche des Monats Ab den Neumond mit einem Gebet willkommen. Buddhistische Feste werden an den Uposatha- („Fasten")Tagen gefeiert: Vollmond, Neumond und die Tage des ersten und letzten Mondviertels.

Wir kennen Sterne vor allem auch aus der Weihnachtsgeschichte. Als Wegweiser waren sie besonders in der Seefahrt bedeutsam. Für den antiken Menschen waren Sterne göttliche Wesen. Sie wurden als Ohren eines Himmelsgottes gedeutet. Eine besonders große Bedeutung hatten sie in der mexikanischen und babylonischen Religion. In mehreren Religionen spielt die Astrologie eine Rolle. Im Buddhismus und Hinduismus werden Termine für Hochzeit, Eintritt ins Kloster und andere wichtige Ereignisse mit Sterndeutern abgeklärt.

Weiterführende Literatur:

Hubertus Halbfas, Das dritte Auge, Düsseldorf 7. Aufl. 1997

Manfred Lurker, Wörterbuch der Symbolik, Stuttgart 5. Aufl. 1991

Monika und Udo Tworuschka (Hg.), Symbole in den Religionen der Welt. Ein Vorlesebuch für Kinder von 8–14 Jahren, Lahr/Kevelaer 1996

Ingrid Riedel, Farben in Religion, Gesellschaft, Kunst und Psychotherapie, Stuttgart 1999

4. Kleidung

Christentum

Mitglieder religiöser Orden und religiöse Autoritäten tragen bei bestimmten Anlässen charakteristische Kleidung. Zisterzienser sind weiß, Franziskaner braun, Dominikaner schwarz gewandet. Zum Hauptgewand gehören zusätzlich ein Gürtel, ein langes, auf den Schultern getragenes und über Vorderseite und Rücken hängendes langes Tuch (Skapular), ein Kapuze (für Männer) bzw. ein Schleier für Frauen. Verschiedene Gewänder symbolisieren im orthodoxen Christentum unterschiedliche Stufen des Mönchslebens. Ein protestantischer Pfarrer zieht bei seinen religiösen Handlungen, zum Beispiel bei der Predigt, einen Talar über seine Alltagskleidung.

Judentum

Rabbiner und Kantor tragen keine andere religiöse Gewandung als jeder andere Mann in der Versammlung: Gebetsschal, Gebetsriemen und eine Kopfbedeckung, die Kippa oder – bei den Orthodoxen – den Yarmulke. Besonders streng gläubige Juden erkennt man an den langen Bärten und Locken an den Schläfen. Langes ungeschnittenes Haar versinnbildlicht u. a. den Strom der Barmherzigkeit Gottes. Chassidische Juden aus Osteuropa, die in die USA eingewandert sind, tragen bei ihrem Gebet den Gartel, einen Gürtel, um Ober- und Unterkörper voneinander zu trennen. Einige aschkenasische Juden tragen ein weißes Gewand bei besonderen Gottesdiensten, zum Beispiel während Rosch Haschana, an Jom Kippur, an Hochzeiten und als Totenkleid.

Islam

Nicht alle heute von Muslimen als typisch islamisch bezeichneten Kleidungsstücke haben ihren Ursprung im Koran. Kulturgeschichtliche Entwicklungen und landestypische Sondertraditionen spielen außerdem eine wichtige Rolle. Alle muslimischen Autoritäten stimmen darin überein, dass ein männlicher Muslim den Teil des Körpers bedecken muss, der als beschämend und unschicklich gilt (arab. aurah). Die meisten verstehen darunter die männlichen Geschlechtsteile und das Hinterteil.

Eine weitere Tradition besagt, dass ein Muslim keine Kleidung tragen soll, die auch von Nichtmuslimen verwandt wird. Einige traditionell eingestellte Muslime halten sich an das Verbot, andere tragen westliche Kleidung, ziehen aber die orientalischen Gewänder als Festkleidung zu besonderen Anlässen wie Prüfungen und zu wichtigen Geschäftsverhandlungen an. Hinzu kommt, dass die weit geschnittene orientalische Männerkleidung bei Hitze angenehmer empfunden wird. Dennoch sollten Europäer, die in orientalischen Ländern zu Besuch sind, solche Kleidung nur anziehen, wenn sie sich in ihrer Wohnung aufhalten oder von muslimischen Freunden zum Anlegen beispielsweise eines Kaftans aufgefordert werden. Ein offizielles Tragen solcher Gewänder wird bei Nichtmuslimen nicht gern gesehen.

Reformer, wie Gamal Abd al-Nasser oder Kemal Atatürk, welche die islamische Kleiderordnung reformieren wollten, sind zum Teil auf erhebliche Kritik gestoßen. Bei den Reformen Atatürks wurde den Muslimen zum Beispiel das Tragen des traditionellen Fez sowie den Musliminnen das Anlegen des Kopftuchs verboten.

Als Schah Mohammed Reza in den 1920er Jahren versuchte, ein Verbot für Kaftane zu erlassen, reagierte ein Religionslehrer empört mit folgendem Vergleich: „Für uns war das so, als ob man in Deutschland den Mitgliedern des Aufsichtsrates einer renommierten Firma befehlen würde, sie müssten alle in Unterhosen bei der nächsten Sitzung erscheinen."

Ein wichtiges Kennzeichen islamischer Männer ist das Tragen eines Bartes. Die Mehrzahl der Muslime im Nahen und Mittleren Osten trägt heute lediglich einen Schnurrbart. Darüber hinaus sind längere oder kürzere Backenbärte anzutreffen.

Die Frage der Frauenkleidung ist vergleichsweise sehr viel komplexer als die der Männer. Dabei gelten die Beschränkungen, die vielen Musliminnen außerhalb des Hauses auferlegt sind, nicht für den häuslichen Bereich oder Anlässe, bei denen nur Frauen anwesend sind.

Der Koran gebietet anständigen Frauen, sich außerhalb des Hauses schamvoll zu kleiden und den Busen zu bedecken. Er schreibt jedoch keinen Gesichtsschleier vor. Zu Mohammeds Zeiten waren ein beduinischer Kopfschleier (Qina), ein Schal um Brust und Kinn (Khimar) und eine Art Überwurf (Djilbab) bekannt. Das Tragen von Gesichtsschleiern (Niqab) entwickelte sich erst, als persische und byzantinische Gebräuche begannen, den islamischen Lebensstil zu prägen.

Der Schleier konnte im Lauf der Geschichte unterschiedliche Funktionen wahrnehmen: als Zeichen feiner Gesittung, als Zwang für alle Musliminnen, als Bild für die Unterdrückung der Frau und Symbol islamischer Selbstbestimmung.

Während der islamischen Revolution im Iran legten iranische Frauen den Schador zunächst freiwillig an, um ihren Einsatz beim Kampf gegen ausländische Bevormundung zu demonstrieren. Zu innerislamischer Kritik kam es erst, als der Zwang zum Tragen des Schadors aufgezwungen wurde. Während das Ablegen des Schleiers für Frauenrechtlerinnen wie Huda Shaarawi und Fatima Mernissi als unverzichtbarer Schritt zur Emanzipation begriffen wird, tragen andere Musliminnen dieses Kleidungsstück bewusst, um sich öffentlich als Gläubige zu bekennen.

Auch hier bei uns führt das Tragen des Kopftuches zu kontroversen Diskussionen. Es gibt türkische Schülerinnen, die überzeugt mit Kopftuch in der Schule erscheinen, und andere, welche dieses Kleidungsstück als nicht verpflichtend betrachten. Behörden neigen dazu, das Tragen von Kopftüchern nicht nur als Symbol des Islams, sondern gleichzeitig als Symbol eines reaktionären Islams zu begreifen. Deshalb wurde einer Lehrerin das Tragen des Kopftuches in der Schule verboten. Viele Muslime fühlen sich durch solche Argumente verletzt. Sie führen an, dass das Anlegen des Kopftuches als Zeichen des

Bekenntnisses mit dem Tragen eines Kreuzes verglichen werden kann.

Im Gegensatz zu Männern dürfen Frauen Schmuck tragen, der aus Edelmetallen hergestellt wurde. Von alters her werden im islamischen Raum Duftstoffe hoch geschätzt. Mohammed selber galt als Liebhaber verschiedener Düfte und Parfüms. Bis heute ist Parfüm ein gern gesehenes Geschenk zwischen Freunden und guten Bekannten. Der tägliche Gebrauch, der auch bei Männern üblich ist, hängt auch mit dem Bemühen zusammen, Körpergerüche im heißen Klima zu überdecken.

Frauen verwenden häufig Henna zum Färben von Haaren und Handflächen und Fußsohlen. Auch bei uns wird das Färben mit Henna zunehmend üblich.

Traditionelle islamische Kreise lehnen jedoch starkes Schminken sowie die Benutzung von Nagellack und die Verwendung von Haarteilen ab, weil diese als Veränderung der Schöpfung Gottes betrachtet werden. Zu bestimmten Anlässen ist Schminken allerdings erlaubt, zum Beispiel bei Hochzeitsfeiern und anderen festlichen Anlässen.

Muslimische Mädchen und Frauen dokumentieren ihre Zugehörigkeit zum Islam durch das Tragen des Kopftuches.

Männliche initiierte Sikhs erkennt man an den Fünf Ks: Kesh (ungeschnittenes Haar), Kangha (Kamm), Kirpan (Stahlschwert), Kara (Stahlarmband), Kach (Unterhose).

Buddhismus und Hinduismus

Anfangs trugen buddhistische Mönche und wohl auch Buddha selbst Fetzengewänder, die aus Resten von Gewandstücken hergestellt waren, die man auf Friedhöfen oder Straßen fand. Die Robe heutiger buddhistischer Mönche besteht aus drei rechteckig-ockergelben Tüchern: Unter- und Obergewand sowie einem Mantel. Buddhistische Jungen lassen sich den Kopf scheren, um nach außen zu zeigen, dass sie eine Zeit lang in das Kloster gehen, um dem Weg Buddhas zu folgen. Japanische Mönche tragen drei Roben, von denen eine für das Auftreten in der Öffentlichkeit, die zweite bei Feiern, Vorträgen usw. und die dritte zur normalen Verwendung angezogen wird.

Männliche Hindus tragen traditionell ein Lendentuch (dhoti), das einige Traditionen auch als Sinnbild asketischer Armut vor Gott verbindlich machen. Der Sari ist das herkömmliche Kleid der Hindu-Frauen. Der Sari besteht aus einem Tuch von ca. 1,20 m Breite und ist meist unterschiedlich lang. Wie Frauen ihre Saris wickeln, ist von Region zu Region unterschiedlich. Saris für den täglichen Gebrauch bestehen meist aus Baumwolle bzw. heutzutage Kunstfasern. Bei Festen und Feierlichkeiten legen Hindu-Frauen gewöhnlich ihre seidenen Saris zusammen mit einer kurzen Bluse an, so dass die Mitte des Oberkörpers unbedeckt bleibt. Saris haben oft farbige Bordüren, vor allem am Ende, das über beide Schultern drapiert wird, nachdem das Tuch von der Taille bis zum Knöchel um den Körper geschlungen wurde. Das Sari-Ende kann als Kopfbedeckung über das Haar gezogen werden. Hindus, die trauern oder Askese üben, lassen oft ihr Haar verfilzen.

Weiterführende Literatur:

Peter Heine, Kulturknigge für Nichtmuslime, Freiburg i. Br. 2. Aufl. 1996

Michael Klöcker/Monika Tworuschka (Hg.), Frau in den Religionen, Weimar 1995

5. Essen und Trinken

Das Speiseangebot in unserer Gesellschaft ist vielseitig geworden: Pizza, Gyros, Döner, indisches, jugoslawisches, chinesisches Essen werden längst schon auf dem flachen Land, in Dörfern und Kleinstädten angeboten. Sie sind zu den Lieblingsgerichten der Jugendlichen avanciert. Der Blick über den Tellerrand bietet eine ideale Gelegenheit, den eigenen Speisehorizont zu erweitern. Das beginnt schon im Kindergarten, wenn ein Kind das erste Mal bei dem Freund oder der Freundin über Mittag bleibt und feststellt, dass in der anderen Familie zum Beispiel eine ungewohnte Sauce zu den Nudeln gereicht wird. Heute erleben bereits viele Kindergartenkinder, dass ihre muslimischen Mitschüler beim Grillfest keine Würstchen essen, weil sie Schweinefleisch enthalten. Wer schon früh Speisen, Gewürze und Essgewohnheiten anderer Kulturen kennen gelernt hat, bringt eine größere Offenheit bei der Begegnung mit Menschen aus anderen kulturellen Räumen mit. Als ich vor rund 40 Jahren in Bad Godesberg die Grundschule Rheinallee besuchte, war meine Schulklasse aufgrund der Diplomatenkinder schon damals multikulturell. So erfuhr ich mit acht Jahren von einem Hindu-Mitschüler, dass es ihm verboten sei, Rindfleisch zu essen, weil Kühe heilig seien. Meine Eltern und ich wurden einmal in eine Hindu-Familie eingeladen und mit wohlschmeckenden Gemüsereisgerichten bewirtet.

Religionen normieren das Speiseverhalten ihrer Gläubigen. Die meisten Religionen erlassen bestimmte Speisevorschriften, schreiben ihren Anhängern vor bzw. empfehlen ihnen, was sie genießen dürfen und was nicht. Jede Tradition ist stolz auf ihre speziellen Gerichte zu bestimmten Festtagen. Häufig sind diese Speisen voll von symbolischen Bezügen. Auch das Fasten, also bewusst auf Essen, Trinken, andere Genussmittel und Sex zu verzichten, teilen viele Religionen. Sie empfehlen meist den gesunden Mittelweg zwischen entsagungsvoller Askese und üppiger Völlerei.

Leben und lernen in Kindergarten oder Schule Kinder aus anderen Religionen und Kulturen, so bietet gerade das Essen eine hervorragende Gelegenheit, gemeinsam zu kochen, zu feiern und sich dabei besser kennen zu lernen. Gemeinsames Essen stiftet Gemeinschaft, festigt Freundschaften, kann Missverständnisse und Feindschaften überbrücken.

Dennoch scheuen es viele Kinder, aber auch Erwachsene, unbekannte Gerichte auch nur zu probieren, obwohl man sie dazu motivieren sollte. Fremde Speisen und Essgewohnheiten können daher auch ein Stein des Anstoßes sein; denn Essen und Trinken ist eine Sache der Gewohnheit, die sich nur schwer ändern lässt. Schnell sind daher viele bereit, fremde

Gerichte und Essgewohnheiten abzulehnen, sogar als unzumutbar zu empfinden. Die Chance, etwas Unbekanntes zu essen, wird bedauerlicherweise oft nicht wahrgenommen. So ist es für viele zum Beispiel schwer vorstellbar, rohen Fisch zu verzehren, der aber in Japan als Delikatesse gilt.

Wie kann man Kindern eine andere Religion oder Kultur „schmackhaft" machen? Viele können sich gar nicht vorstellen, dass Essen und Trinken überhaupt viel mit Religion zu tun hat. Der englische Rabbiner Lionel Blue bemerkte einmal, dass die Christen den „Geschmack an der Religion" verloren hätten. Westliche Religionen sind viel seltener als östliche Lebenskonzepte, die Leib und Seele umfassen und damit auch die konkreten Speisen betreffen. Dabei stehe in keiner anderen Religion – so Blue – der Akt des Essens so im Mittelpunkt wie im Christentum. Die Evangelien berichten mehrmals über die Speisung von Bedürftigen und Hungrigen, zum Beispiel bei der Speisung der Fünftausend und der Hochzeit von Kana. Auch beim Abendmahl (Eucharistie) spielt Essen und Trinken eine zentrale Rolle.

Für viele Juden und Muslime stellt das Abendmahl ein schockierendes Erlebnis dar. Gott durch Nahrungsaufnahme begegnen zu wollen ist ihnen ein unvorstellbarer Gedanke.

Vermutlich essen nur noch wenige Familien freitags Fisch und Eier, weil Jesus an diesem Tag gekreuzigt wurde. Manche kochen ihr traditionelles Festessen zu Weihnachten oder Ostern. Doch nur noch bei wenigen ist der Speiseplan religiös begründet. Bei den Festen bietet sich eine gute Gelegenheit, Großeltern oder andere Bekannte aus der älteren Generation nach typischen Gerichten zu befragen. Vielleicht entdeckt man dabei das eine oder andere Rezept zum Ausprobieren. Die Beschäftigung mit fremden Essgewohnheiten bietet einen willkommenen Anlass, sich der eigenen Tradition wieder bewusster zu werden.

Wenn Freunde oder Klassenkameraden aus anderen Kulturen und Religionen erwartet werden, sollte man sich vorher über ihre Speisegewohnheiten informieren. So vermeidet man Missverständnisse und Peinlichkeiten. Diese Kenntnisse sind auch sehr nützlich, wenn eine Gegeneinladung erfolgt.

Gäste aus anderen Religionen und ihre Speisevorschriften

Jüdische Gäste

Hier gilt die Grundregel: Wenn man kein Fleisch anbietet, geht man vielen Schwierigkeiten aus dem Weg. Juden ist nämlich nicht nur Schweinefleisch verboten. Auch jedes andere Fleisch muss koscher sein. Wir verwenden diesen Begriff oft alltagssprachlich und meinen damit „astrein" oder „Vertrauen erweckend". Juden bezeichnen eine Speise als „koscher", wenn sie im Einklang mit den religiösen, juristischen und hygienischen Vorschriften ihrer Religion steht. Bis heute streiten sich jüdische und nicht-jüdische Gelehrte darüber, ob die Speisevorschriften rein religiöse Gesetze oder nicht auch hygienische Bestimmungen sind, die man in früheren Zeiten nur durchsetzen konnte, wenn man sie in die Form einer religiösen Bestimmung kleidete.

Die Speisegesetzgebung der hebräischen Bibel und des Talmud betrifft ausschließlich die tierische Nahrung. Über Pflanzen gibt es keine Vorschriften. Die Bibel unterscheidet zwischen „reinen" und „unreinen" Tieren. Von den Säugetieren gelten nur solche als rein und erlaubt, die gespaltene Hufe haben und Wiederkäuer sind. Schweinefleisch ist also verboten. Ebenso alle Raubvögel und Fische ohne Schuppen und Flossen.

Juden ist nach Dtn 12,23 untersagt, Blut zu verzehren, da es als „Sitz der Seele" gilt. Dieses Verbot führte zu der Regelung des rituellen Schächtens, das eine rasche Ausblutung des Tiers verlangt. Nach jüdischer Ansicht ist das rituelle Schächten wegen der rasch eintretenden Bewusstlosigkeit eine der humansten Methoden des Schlachtens. Heute werden immer mehr Stimmen laut, die das traditionelle Schächten als Widerspruch zum Tierschutzgesetz begreifen und eine vorherige Betäubung der Tiere verlangen.

Heute begründen Juden das Verbot, Blut zu genießen, auch mit hygienischen Erkenntnissen. Blut zersetzt sich schneller als Fleisch, wird daher schneller ungenießbar. Der rituelle Schächter muss das Schlachttier gründlich auf Krankheiten untersuchen, was ebenso wie die vorgeschriebene Fleischbeschau eine hygienische Einrichtung darstellt.

Juden dürfen ferner Talg und eine bestimmte Hüftsehne nicht verzehren. Bis heute hat dies zur Folge, dass in der koscheren Küche keine oder nur sehr kleine Filetstücke angeboten werden.

Koscher bedeutet auch, dass es bei einer Mahlzeit mit Fleisch keine Milch in irgendeiner Form geben darf. Ebenso sind Käse, Kakao, Milchkaffee, Pudding, die meisten Sorten von Milchspeiseeis verboten. Den Grund gibt die Bibel an: „Du sollst ein Böckchen nicht in der Milch seiner Mutter kochen" (Ex 23,19; 4,26; Dtn 14,21). Der Ursprung dieser Vorschrift ist umstritten. So könnte sich das Verbot gegen eine bestimmte Opfersitte der kanaanäischen Umwelt des alten Israel gerichtet haben. Es mag sich aber auch um eine Art Tierschutz für die säugende Mutter gehandelt haben, der man ihr Junges nicht zu früh entreißen sollte. Das Verbot betrifft längst nicht mehr nur das Böckchen, sondern das Fleisch aller warmblütigen Tiere, auch Geflügel.

Bis heute dürfen gläubige Juden Milch und Fleischgerichte nicht zusammen oder ohne eine längere Wartezeit dazwischen verzehren. Orthodoxe jüdische Haushalte besitzen daher nicht nur getrenntes Geschirr, sondern – wenn überhaupt – zwei Geschirrspülmaschinen, weil auch das Geschirr von Fleisch- und Milchgerichten nicht zusammen gespült werden darf.

Mit Fisch hat man es bei der Bewirtung jüdischer Gäste leichter. Milchprodukte sind nämlich zur gleichen Mahlzeit erlaubt. Jedoch sind Aal, Schalentiere und Seelachs verboten. Mit Gemüse und Obst gibt es keinerlei Probleme. Es ist unwahrscheinlich, dass sehr orthodoxe Juden einer Einladung folgen werden, da für sie die Gefahr viel zu groß ist, gegen ihre Speisegesetze zu verstoßen.

Alkohol ist dem Juden zu trinken erlaubt. Strengeren Juden kann man koscheren Wein servieren, jedoch nicht Kiddusch-Wein; denn er ist für den Segen am Freitagabend bestimmt.

Überhaupt sollte man Einladungen an eine jüdische Familie nicht auf den späten Freitagnachmittag oder -abend legen.

Alle jüdischen Feiertage beginnen nämlich am Abend des Vortages. Somit ist der Freitagabend der Beginn des Sabbats, und diesen Abend verbringt eine jüdische Familie traditionell lieber zu Hause. Auch Einladungen während des Pessachfestes können wegen des Verbots, in dieser Zeit keinen Sauerteig und kein Mehl zu verzehren, problematisch sein.

Muslimische Gäste

Wenn man muslimische Gäste einlädt, die man noch nicht näher kennt, sollte man sich auf keinen Fall telefonisch verabreden, das gilt als unhöflich. Am besten ist eine persönliche Einladung und eventuell das Angebot, die Gäste abzuholen und nach Hause zu bringen, falls der Weg schwierig ist. Bei muslimischen Gästen gilt als Hauptregel, kein Schweinefleisch und keinen Alkohol anzubieten, weil der Koran beides verbietet. Schweine gelten Muslimen wie Juden als unrein. Muslime erklären das Schweinefleischverbot auch damit, dass durch das Schwein Trichinose auf den Menschen übertragen werden kann und dass eine sorgfältige Fleischbeschau in der Zeit, als der Islam entstand, nicht zu leisten war. Für das Schweinefleischverbot gibt es also gesundheitliche Gründe. Da das Schweinefleisch besonders schnell verdirbt, hatte man vor Krankheiten Angst. Muslime nennen noch weitere Gründe: Aufgrund seines relativ hohen Fettgehalts kann Schweinefleisch den Cholesterinanteil im Blut erhöhen und zu erhöhtem Blutdruck und Arteriosklerose führen. Nicht nur muslimische Mediziner sehen einen Zusammenhang zwischen dem Verzehr von Schweinefleisch und Ekzemen, Furunkeln, aber auch Magengeschwüren, Asthma und Heufieber. Ernährungsbewusste Muslime sind auch bei Käse oder Chips vorsichtig, weil auch sie Schweinefett enthalten können.

Fleisch sollte für Muslime halal („erlaubt") sein, also von einem muslimischen Schlachter stammen. Es muss nach den islamischen Schlachtvorschriften geschlachtet sein. Auch von jüdischen Metzgern stammendes koscheres Fleisch dürfen Muslime genießen. Im Herbst 1999 entbrannte in Dänemark eine heftige Debatte über islamische Schlachtvorschriften. Ein dänischer Kindergarten hatte sich entschlossen, Schweinefleisch vom Speiseplan zu streichen und Lamm und Kalb anzubieten, das nach Halal-Vorschriften geschlachtet worden war – was in Dänemark ohnehin mit vorheriger Betäubung der Tiere vor sich geht. Da die Mehrzahl der Kindergartenkinder muslimisch war, wollte man auf diese Weise doppeltes Kochen vermeiden. Doch im liberalen Dänemark brach bei Meinungsmachern und Politikern ein Proteststurm los. Man sah das Land von Islamisierung bedroht und verlangte, dass in den Kindergärten grundsätzlich nur dänisches Essen auf den Tisch kommen solle – und das seien Frikadellen. „Kein Halal-Fleisch für dänische Kinder" lautete die Parole, die damit gleichzeitig die Integration in Frage stellte. Dabei hatte bisher niemand dagegen protestiert, dass die von den Dänen verzehrten Hühner fast alle nach der Halal-Methode geschlachtet werden, weil der größte Teil der dänischen Geflügelproduktion tief gekühlt in den Orient exportiert wird.

Streng gläubige Muslime essen nicht an einem Tisch, an dem Alkohol auch nur angeboten wird. Andere nehmen das nicht übel, solange ihnen keine alkoholischen Getränke aufgedrängt werden und es auch etwas anderes zu trinken gibt. Der Koran stellt heraus, dass Alkohol nützen und schaden kann, dass aber der Schaden überwiegt. Muslime dürfen allerdings Medizin einnehmen, die Alkohol enthält.

Außer dem verbotenen Schweinefleisch könnten auch andere Fleischgerichte vielleicht nicht so gut ankommen, weil sie nicht von halal geschlachtetem Fleisch stammen oder auf eine ungewohnte Weise zubereitet wurden. Mit Gemüse, Salat, Obst und Desserts kann man dagegen nicht viel falsch machen. Stets sollte man Tee, Kaffee, Saft und Wasser anbieten. Muslimische Gäste verwenden ausschließlich ihre rechte Hand beim Essen. Der Grund besteht darin, dass mit der linken Hand alle unsauberen Dinge getan werden. In diesem Zusammenhang könnte man mit Kindern darüber sprechen, in wie vielen Bereichen bei uns die Wörter richtig und rechts in Zusammenhang gebracht wurden und werden. Früher sagte man öfter als heute: „Gib der Tante das richtige Händchen." Die Erkenntnis, dass man Linkshänder nicht unbedingt „umerziehen" muss, ist bei uns erst relativ neu. Jemanden zu „linken" bedeutet immer noch etwas Negatives, nämlich ihn zu betrügen. In islamischen Ländern ist es heute noch für Menschen, die ihre rechte Hand nicht benutzen können, sehr schwer, überhaupt an einer Tischgemeinschaft und damit am gesellschaftlichen Leben teilzunehmen. Unbedingt notwendig ist es, orientalischen Gästen – nicht nur Muslimen – eine Möglichkeit anzubieten, vor Tisch die Hände zu waschen und den Mund auszuspülen. Muslime sprechen das Tischgebet nach dem Essen. Dabei werden die Hände in Form einer Schale gehalten, um den Dank für die empfangenen Speisen zu verdeutlichen.

Auch sollte man es nicht übel nehmen, wenn ein muslimischer Gast bei Tisch nicht ohne weiteres den wedelnden Familienhund streichelt oder füttert. Im Orient haben Hunde oft Tollwutviren, so dass eine gewisse Vorsicht angebracht ist. Muslime sollen sich reinigen, wenn sie mit unreinen Dingen in Berührung gekommen sind. Dazu zählen – abgesehen von Hunden und Schweinen – Urin, Kot, Blut, Samen, Aas und der Schweiß eines Tieres, das sich von Kot ernährt.

Prinzipiell gilt für Muslime der koranische Grundsatz: „Esst und trinkt von den guten Dingen, aber treibt keine Verschwendung" (7, 29). Daher fordert man Kinder auf, den Teller leer zu essen oder so viel übrig zu lassen, dass davon ein Hungriger noch satt werden könnte.

Einen Fremden als Gast aufzunehmen ist für Muslime eine vornehme Pflicht. Die Verpflichtung zur Gastfreundschaft geht auf die vorislamische Beduinengesellschaft zurück, in der es nur drei Kategorien von Menschen gab: Verwandte, Feinde und Gastfreunde. Hatte man selbst einem Feind Gastrecht gewährt, durfte man ihm nichts mehr zuleide tun. Auch der Koran schreibt vor, Reisende großzügig zu bewirten.

Außer bei besonderen Festen sollte man Muslime nicht unangemeldet besuchen, weil sie sonst nicht richtig vorbereitet sind, was den Gastgeber möglicherweise in Verlegenheit bringt. Die Regel, seinen Besuch anzukündigen, gilt nicht für große Feiertage wie das Fest des Fastenbrechens, das Opferfest oder die Geburt eines Kindes. Als Mann darf man eine islamische Familie nur besuchen, wenn das Familienoberhaupt zu Hause ist. Sonst wäre es unschicklich, einen Fremden einzulassen. Das gilt auch für Erzieher und Lehrer, die sich spontan zu einem Hausbesuch entscheiden, um ein Problem zu besprechen. Es ist nicht unhöflich, sondern Zeichen des Anstandes, dass muslimische Männer Frauen im Allgemeinen nicht die Hand geben.

Wenn man eingeladen wird, erfolgt die Einladung meistens schriftlich. Keinesfalls sollte man zu früh erscheinen. Da man aber gerade den Deutschen Pünktlichkeit nachsagt, ist ein spätes Kommen auch nicht höflich.

Handelt es sich um eine konservative Familie, wird man die Frau des Hauses kaum zu Gesicht bekommen. Europäische Frauen dürfen zwar an der Männergesellschaft teilnehmen. Aber es gilt trotzdem als höflich, auch die Frauen des Hauses aufzusuchen. Muslimische Frauen sind oft sehr interessiert und aufgeschlossen gegenüber der westlichen Lebensart, da ihr Leben sich häufiger als bei uns nur auf Haus und Familie beschränkt. Man sollte sich und die Kinder festlich anziehen und beim Betreten der fremden Wohnung das Ausziehen der Schuhe nicht vergessen. Ebenso entspricht es den Gepflogenheiten in muslimischen Familien, dass sich die männlichen Gäste zu den Männern und die Frauen zu den Frauen setzen. Ein kleines Geschenk ist angemessen, zum Beispiel etwas Süßes. Man sollte nicht gekränkt sein, wenn das Geschenk nicht sofort ausgewickelt wird. Blumen sind weniger üblich. Ein Gegengeschenk sollte nicht größer, aber auch nicht geringer als das Erstgeschenk sein. Für jede muslimische Familie ist es eine besondere Ehre, die Gäste gut und reichhaltig zu bewirten. Zunächst gibt es mehrere Vorspeisen. Das Essen wird sich länger hinziehen und von größeren Pausen begleitet sein. Es ist höflich, von jeder Speise wenigstens etwas zu probieren. Die Gastgeber werden sich freuen, wenn man das Essen lobt und sich nach den Zutaten oder dem Rezept einer Speise erkundigt. Alkoholische Getränke sollte man nicht erwarten. Das Besteck wird vermutlich nicht aus Silber sein, weil der Islam die Verwendung von Edelmetall zu praktischen Zwecken verbietet.

Die Anwesenheit von Gästen ist für den Gastgeber ein außerordentlich festliches Ereignis. Oft füllen der Hausherr oder die Hausherrin selbst den Teller. Sich selber zu bedienen ist erst nach mehrfacher Aufforderung üblich. Wenn man bei Muslimen eingeladen war, soll man bei nächster Gelegenheit eine Gegeneinladung aussprechen.

Buddhistische und hinduistische Gäste

Strenge Hindus lassen sich ähnlich wie orthodoxe Juden ungern zum Essen einladen, weil sie zu viele Reinigungs- und Speisevorschriften beachten müssen. Viele aber passen sich den westlichen Gegebenheiten an. Wenn man Gemüse reicht und Alkohol weglässt, kann man nicht viel falsch machen. Rindfleisch ist Hindus verboten. Die Kuh und ihre Produkte sind mit der Vorstellung der Mutter verbunden. Sie gilt als Lebensspender der indischen Gesellschaft. Auch uns Europäern sind solche Gefühle nicht unbekannt. In der im Norden der Niederlande gelegenen Stadt Leeuwarden steht das Denkmal einer Kuh mit der Inschrift „Unsere Mutter". Im Grunde ist die Verehrung der Kuh im Hinduismus nur ein Bild dafür, dass die gesamte Kreatur geschützt werden soll. Wir könnten dies zum Anlass nehmen, mit unseren Kindern über die Bedeutung der Kuh bei uns zu sprechen. Wir könnten auch diskutieren, welche Tiere wir auf keinen Fall essen würden und warum.

Manche Buddhisten essen kein Fleisch, nicht weil man Tiere als unrein empfindet, wie die Begründung des jüdischen und islamischen Schweinefleischverbots lautet, sondern Buddhisten und Jainas sowie manche Hindus verzehren keine Tiere, weil sie ihre Mitgeschöpfe nicht töten wollen. In diesen Ländern ist der Unterschied zwischen Mensch und nichtmenschlicher Umwelt weniger stark ausgeprägt als bei uns. Der Tibetreisende Heinrich Harrer schilderte in seinem bekannten Buch „Sieben Jahre in Tibet" anschaulich, wie Erdarbeiten ständig unterbrochen wurden, um Käfer und Würmer zu retten. Nach einem längeren Aufenthalt war es ihm sogar unmöglich, nach einem Insekt nur zu schlagen.

Der Grund für diese umfassende Fürsorge gegenüber der nichtmenschlichen Natur ist auch die Karma-Vorstellung. Buddhisten und Hindus gehen davon aus, dass man nicht nur einmal lebt. Die Art und Weise der Wiedergeburt hängt von den Taten, dem Karma ab. Der Mensch kann daher auch als Tier wiedergeboren werden. Beim Verzehr eines Tieres könnte er eventuell einen nahen Verwandten essen.

Wieweit man die Karma-Vorstellung einem jüngeren Kind erklären möchte, bleibt jedem Erziehenden selbst überlassen. Tatsache ist, dass der von diesen Religionen vertretene Vegetarismus auch bei uns immer stärker zunimmt. Dass es Menschen gibt, die kein Fleisch essen wollen, um keine Tiere zu töten, leuchtet vielen Kindern ein.

Jedoch sind nicht alle Buddhisten Vegetarier. Grundsätzlich gilt, dass sie beim Verzehr kleinerer Tiere oft weniger Vorbehalte als bei größeren haben. Sonst gilt für Buddhisten, dass sie mit Maß essen und keine Völlerei betreiben wollen.

Essen und Trinken an bestimmten Feiertagen

Christentum – zum Beispiel: Ostern

Am Ende der österlichen Fastenzeit feiert die Christenheit Ostern. Als die Fastenzeit noch strenger eingehalten wurde, war Ostern für viele der Tag, an dem zum ersten Mal nach langer Zeit Fleisch und Eier verzehrt werden durften. Die Fastnacht vor der Fastenzeit war oft die letzte Gelegenheit, üppiger und abwechslungsreicher zu essen. Viele Rezepte zu den Karnevals- und Faschingstagen erinnern daran. Man wollte noch einmal gut essen, bevor man sich einschränken musste. Nicht nur Kinder machen sich oft nicht klar, dass Festtage und damit verbundene festliche und reichliche Mahlzeiten früher deshalb ihre besondere Bedeutung hatten, weil sonst nicht so gut gegessen wurde.

Die christliche Fastenzeit endet mit dem Ostergottesdienst. Der Ostergottesdienst bei den orthodoxen Christen beginnt um Mitternacht, aber die Gläubigen strömen schon Stunden früher in die Kirche. Der Innenraum ist durch schwach brennende Öllampen erleuchtet. Kurz vor Mitternacht entzündet der Priester zwei große Kerzen am ewigen Licht auf dem Altar. Er reicht die Flamme weiter, bis jeder ein Licht in der Hand hält. Wenn der Priester um Mitternacht „Christus ist auferstanden" ausruft, bricht der Ostertag an. Die Menschen umarmen sich, und rote Ostereier werden zusammengestoßen. In Griechenland trifft man sich nach dem Mitternachtsgottesdienst zur typischen Ostersuppe, die aus Zwiebeln, Gemüse und den Innereien der Osterlämmer gekocht wird. Überall im Land werden die Osterlämmer mit Öl, Oregano und Salz bestrichen und stundenlang über dem Feuer geröstet. Die Ordensmitglieder haben in der Fastenzeit nicht nur auf Fleisch und Fisch verzichtet, sondern die Woche über auch kein Öl zum Kochen verwandt. Auch deshalb stellt das Osterlamm ein besonderes Festessen dar.

Eine typische Osterspeise in der russisch-orthodoxen Kirche ist Pashka, eine Art Käsekuchen. Pashka gilt als Symbol der Auferstehung. Er wird zum Ostergottesdienst in die Kirche genommen und dort gesegnet. Wenn die Gemeinde nach Hause geht, wird etwas Pashka gegessen, um das Fasten zu brechen.

Pashka

500 g Speisequark
100 g Butter
100 g Zucker
$^1/_4$ l Sahne
3 Eigelb
50 g Rosinen
50 g gehackte Mandeln
100 g kandierte Früchte
bunte Zuckerperlen

(Rezept nach Gertrud Wagemann S. 58)

Nach dem Öffnen der Quarkpackung Molke abgießen. Rosinen mit heißem Wasser übergießen. Butter mit Eigelb und Zucker schaumig rühren. Quark, Sahne, Rosinen und Mandeln untermischen. Die Masse in einen ausgekleideten Blumentopf füllen, 24 Stunden trocknen lassen. Der Topf wird in eine Schüssel gestellt, weil Flüssigkeit austritt. Dann wird die Masse mit einem Tuch bedeckt und mit einer mit einem Stein beschwerten Untertasse abgedeckt, um den Trockenvorgang zu beschleunigen. Die fertige Pashka wird auf eine Platte gestürzt, mit Früchten und Mandeln verziert. Man kann auch mit Zuckerperlen die Buchstaben X und B hereindrücken X=C, B=W. Das bedeutet Christus woskresje: „Christus ist auferstanden."

Judentum – zum Beispiel: Pessachfest

Schon Wochen vor dem Pessachfest wird das ganze Haus geputzt und gefegt. Zum Sederabend, dem Abend vor dem Pessachfest, suchen Kinder überall nach Brotkrumen, welche die Eltern vorher versteckt haben. Wenn alle Brotstückchen gefunden sind, werden sie mit einer Feder auf einen Holzlöffel geschoben, um sie am nächsten Morgen zu verbrennen. Dieser Brauch erinnert an ein Ereignis aus der israelitischen Geschichte. Vor 3000 Jahren befanden sich die Israeliten in der Sklaverei. Als die Israeliten unter Mose Hals über Kopf das Land verließen, hatten sie keine Zeit mehr, sich gründlich auf die Flucht vorzubereiten, und sie konnten auch kein richtiges Sauerteigbrot mehr backen. Zur Erinnerung daran soll sich zu Pessach in keinem jüdischen Haushalt Sauerteig befinden.

Zu einem richtigen Sederabend gehören folgende Speisen: Auf dem Tisch liegen drei Scheiben Mazzen. So heißt auf Hebräisch das ungesäuerte Brot. Außerdem gibt es hart gekochte Eier, einen angebratenen Lammknochen, bittere Kräuter, eine Schale mit einem Brei aus gehackten Nüssen, geriebenen Äpfeln, Rosinen, Feigen und Wein. Dann gibt es noch Petersilie und ein Gefäß mit Salzwasser. Jede einzelne Speise hat besondere Bedeutung. Alle erinnern an den Auszug aus Ägypten:

Die drei Mazzen symbolisieren das Brot, das die Israeliten bei ihrer Flucht noch rasch herstellen konnten. Die Eier deuten auf das Erwachen der Natur im Frühling hin. Sie bedeuten also neues Leben, können auch ein Zeichen der Trauer sein. Der Lammknochen erinnert an das Lamm, das die Israeliten Gott opferten. Die bitter schmeckenden Kräuter sind eine Erinnerung an den harten Sklavendienst in Ägypten. Der bräunliche Brei (Charosset) in der Schale sieht so aus wie der Lehm, aus dem die Ziegelsteine hergestellt wurden, die damals für die Gebäude der Pharaonen verbaut wurden. Das Salzwasser bedeutet die Tränen der Juden während ihrer Zeit der Unterdrückung.

Vor der Mahlzeit trinken die Erwachsenen, die angelehnt sitzen, ein Glas Wein. Der Hausvater spricht den Segen über den ersten Becher Wein und tunkt etwas von den Kräutern in das Salzwasser. Dann isst er nach einem Segensspruch davon und reicht sie an die Tischgenossen weiter.

Vom mittleren Mazzen wird ein kleines Stück, der Afikoman, abgebrochen. Ein Kind versteckt ihn, und erst wenn er gefunden ist, darf die Mahlzeit beendet werden. Das jüngste Kind stellt vier Fragen:

„Warum ist diese Nacht so anders als alle anderen übrigen Nächte?

1. In allen anderen Nächten essen wir Gesäuertes oder Ungesäuertes, diese Nacht jedoch nur Ungesäuertes?
2. Warum essen wir bittere Kräuter?
3. Warum tauchen wir unser Essen zweimal ein?
4. Warum essen wir in angelehnter Weise?“

Nach den Segenssprüchen über das ungesäuerte Brot, isst der Vater einen der Mazzen und spricht einen Segen über das Bitterkraut, das dann in den Charosset-Sirup getaucht wird. Nur an diesem Abend wird zweimal eingetaucht: in das Salzwasser, das an die Tränen erinnert, und in den Charosset, der für den Lehm der ägyptischen Ziegelsteine aus der Sklavenzeit steht.

Angelehnt sitzen durften damals nur die Freien, nicht aber die Sklaven. Deshalb sitzen die Juden nach ihrer Befreiung aus der Gefangenschaft angelehnt. Dann wird die Geschichte vom Auszug aus Ägypten erzählt. Die Erwachsenen trinken ein zweites Glas Wein. Nach der Segnung der Mazzen findet das festliche Essen statt.

Ein Platz am Tisch bleibt frei. Dort steht immer ein besonderes Glas Wein für den Propheten Elia, auf den die Juden warten und der den Messias ankündigt. Aber Elia gibt sich nicht zu erkennen. Er könnte auch als Bettler oder Asylsuchender kommen. Zum Schluss wünschen sich alle: „Nächstes Jahr in Jerusalem." Dieser Spruch drückt die Sehnsucht aller Juden aus, einmal im Leben nach Jerusalem zu kommen.

Zwei besondere Rezepte zu Pessach:

Schokoladentorte zu Pessach ohne Mehl

6 Eigelb
125 g Zucker
125 g gemahlene Mandeln
65 g geriebene Schokolade
Eischnee von sechs Eiern.

Ofen auf 180 Grad vorheizen und eine Springform mit Pergamentpapier auslegen. Eigelb mit Zucker verrühren, Schokolade und Mandeln hinzufügen. Eischnee sehr steif schlagen, unter die Masse heben. Masse in die Form füllen und in den Ofen stellen. Die Backzeit beträgt ca. 40 Minuten. Anschließend den Teig mit einem Messer vom Rand lösen und den Kuchen stürzen. Die Torte kann mit Schokoladenglasur überzogen werden. (Rezept nach Gertrud Wagemann, S. 149)

Charosset

500 g süße Äpfel
60 g gemahlene Mandeln oder Nüsse
1 Teelöffel Zimt
60 g Zucker
60 g Rosinen
2 Esslöffel Wein.

Äpfel und Nüsse werden sehr fein gehackt. Die Masse mit allen Zutaten vermischen und verrühren. Man kann etwas Wein, Zucker und Zimt hinzufügen (Rezept, Brigitte Messerschmidt, S. 98).

Charosset ist süß und sieht aus wie der Lehm, aus dem die Sklaven in Ägypten Ziegelsteine machen mussten.

Islam – zum Beispiel: Das Fest des Fastenbrechens

Der islamische Fastenmonat endet mit dem Fest des Fastenbrechens. Dieses dreitägige Fest heißt bei den türkischen Muslimen Zuckerfest. Es verdankt seinen Namen den Süßigkeiten, die überall gegessen und verschenkt werden. In islamischen Ländern haben die Kinder am ersten Tag schulfrei. Muslime stehen an diesem Tag besonders früh auf, waschen sich gründlich und ziehen ihre besten Kleider an. Das Fasten wird vor dem Besuch in der Moschee gebrochen. Besser gestellte Familien entrichten eine spezielle Fastenabgabe für die ärmeren Muslime.

Gerade das Fest des Fastenbrechens bietet eine gute Gelegenheit, fremde Essgewohnheiten und Festbräuche kennenzulernen. Einige islamische Verbände laden nichtmuslimische Gäste zum Fest des Fastenbrechens ein. Aber eigentlich sind vielen Muslimen an einem solchen Tag auch Gäste ohne Einladung willkommen.

Zum Beispiel: Opferfest

Auch das islamische Opferfest wird von bestimmten Essensbräuchen begleitet. Das Opferfest erinnert daran, wie Gott den Sohn Ibrahims (Abrahams) vor dem Opfertod rettete. Dieser Sohn heißt im Koran nicht Isaak, sondern Ismail. Man kann die islamische Version der Geschichte gut mit der aus dem Alten Testament vergleichen und auch mit Kindern über Gemeinsamkeiten und Unterschiede sprechen. Zum Opferfest wird überall in der islamischen Welt vom Familienoberhaupt ein Hammel getötet und von anderen sein Fleisch gereinigt, zubereitet und verteilt. Ein Drittel des Fleisches bekommt die eigene Familie, ein weiteres Drittel die weniger wohlhabenden Verwandten, das letzte Drittel die Armen der Gemeinde. Der soziale Aspekt und die Verantwortung der Wohlhabenden für die weniger Begüterten kommt in mehreren islamischen Geboten zum Ausdruck. So kann ein erwachsener Muslim, der einen oder mehrere Fastentage versäumt, als Ersatzleistung einen Armen speisen. In früheren Zeiten befand sich häufig direkt neben der Moschee eine Armenküche.

Muslime in Deutschland spenden statt Lebensmittel für ärmere Leute Geld für karitative Zwecke.

Zum Beispiel: Das kurdische Neujahrsfest

Für Kurden ist das Neujahrsfest auch ein Symbol ihres Widerstands gegen Unterdrückung und Bekräftigung ihrer nationalen Identität. Der ursprüngliche Siedlungsraum der Kurden, die vom mittelasiatischen Hochland in das Quellgebiet von Euphrat und Tigris gewandert waren, wurde im Lauf der Zeit von verschiedenen Eroberern aufgesucht, gegen die sich die Kurden nicht genügend zur Wehr setzen konnten. Heute leben über 25 Millionen Kurden ohne eigenes Land im Grenzgebiet zwischen Türkei, Iran, Irak, Syrien und einigen Republiken der ehemaligen Sowjetunion. Die Zahl der in Deutschland lebenden Kurden wird auf über 580.000 geschätzt.

Am Neujahrstag erzählen Kurden ihren Kindern die Geschichte vom Schmied Kawa, der den grausamen König Ajdehak bezwang. Dieser König betete zwei Schlangen an, die jeden Tag mit dem Hirn von zwei Kindern gefüttert werden mussten. Gerade am Neujahrstag (Newroztag) sollte das letzte Kind des Schmieds an die Reihe kommen. Doch der Schmied sammelte einige mutige Leute und stürmte den Königspalast, als der Hofstaat am Abend des Festes betrunken war. Dann zertrümmerte Kawa mit einem Hammerschlag den Kopf des Tyrannen. Wenn Kurden heute Newroz feiern, erinnern sie sich an diese Befreiung mit Volkstänzen und Liedern. Wegen der mit diesem Fest verbundenen politischen Bedeutung verbot die Türkei jahrzehntelang das Fest. 1992 wurde es wieder erlaubt, das Singen der Freiheitslieder jedoch von Sicherheitskräften brutal unterdrückt.

Joghurtkuchen

- 3/4 Tasse Butter
- 1 Tasse feiner Zucker
- geriebene Schale einer Zitrone
- 5 Eier getrennt
- 1 Tasse Joghurt
- 2 1/2 Tassen Weizenmehl
- 2 Teelöffel Backpulver
- 1 Prise Salz
- 1/2 Teelöffel Natron

Für den Sirup

- 1 Tasse grobkörniger Zucker
- 3/4 Tasse kaltes Wasser
- 1 dünner Streifen Zitronenschale
- 1 Esslöffel Zitronensaft

Butter mit der geriebenen Zitronenschale und dem Zucker schaumig rühren, jedes Eigelb einzeln zugeben, jedesmal kräftig schlagen. Den Joghurt unterrühren. Mehl mit Backpulver, Prise Salz und Natron in die cremige Mischung sieben und unterrühren. Eiweiß steif schlagen, in den Teig rühren. Teig in eine gefettete und mit Mehl bestäubte 20 cm lange Rehrückenform füllen. Im Ofen bei 180 Grad ca. 50 Minuten backen.

Sirup: Zucker bei mittlerer Hitze rühren, bis er sich aufgelöst hat. Zum Kochen bringen, Zitronenschale und Zitronensaft beifügen und ohne zu rühren 10 Minuten bei mittlerer Hitze kochen lassen. Zitronenschale herausnehmen, Sirup abkühlen lassen. Kuchen in der Form 5 Minuten abkühlen lassen, dann auf eine Platte stürzen. Mit einem Löffel den kalten Sirup über den Kuchen verteilen, langsam einsickern lassen. In dicke Scheiben schneiden, zusammen mit Schlagsahne warm servieren.

Fastentraditionen

Nicht nur bestimmte Speisevorschriften, sondern auch der zeitweilige freiwillige Verzicht auf Nahrungsaufnahme ist vielen Religionen gemeinsam. Fasten und Fleischabstinenz haben häufig eine religiöse Begründung. In vielen Religionen wird gefastet: in Not und Trauer, teilweise verbunden mit Gebet und Opfer; bei drohendem Unheil, zur Versöhnung der Gottheit; um die Hilfe der Gottheit zu erlangen; bei der Vorbereitung heiliger Handlungen und um visionäre Zustände zu erreichen. Fasten versetzt in Ekstase. Schamanen verfügen aufgrund ihrer Fastenübungen über außernatürliche Kräfte, Indianer fasten, um im Traum ihren Schutzgeistern zu begegnen, chinesische Opferpriester, um mit den Ahnen in Verbindung zu treten. Hindu-Asketen, um zur Erkenntnis zu gelangen.

Oft werden neue Lebensabschnitte durch Fasten eingeleitet, das unterschiedlich lang dauern kann. Die frühen Christen fasteten vor der Taufe. Katholische Christen pflegten sich vor dem Empfang des Abendmahls ebenso von dem Essen und Trinken zu enthalten wie Priester vor ihrer Weihe. Fasten kann eine Vorbereitung vor der Begegnung mit dem Heiligen oder Göttlichen sein. Die großen Religionsstifter fasteten vor Erfüllung ihres Auftrags. 40 Tage und Nächte fastete Mose auf dem Sinai, bevor ihm Gott die Gebote offenbarte. Der Prophet Elia fastete, bevor er im Flüstern des Windhauchs Gottes Stimme vernahm. Jesus ging in die Wüste, fastete 40 Tage und Nächte und verkündete danach öffentlich seine Botschaft vom Reich Gottes. Der Prophet Mohammed fastete auf dem Berg Hira, bevor ihm der Koran offenbart wurde. Siddharta Gautama fastete unter dem Bodhibaum, ehe ihm die Erleuchtung zuteil wurde und er so zum Buddha wurde.

Fasten dient auch zur Sühne einer Schuld. Der Mensch möchte durch sein Fasten Gott gnädig stimmen. Nachdem der Prophet Jona den Bewohnern der Stadt Ninive Gottes Strafgericht angekündigt hatte, glaubten die Leute an Gott und riefen ein Fasten aus.

Fasten wurde als Ausdruck persönlicher und gesellschaftlicher Umkehr, Besinnung und Sühne begangen. Im Alten Testament wird dies deutlich im israelitischen Versöhnungstag, im Neuen Testament durch die Verbindung von Gebet, Fasten und Almosen – ein Gedanke, der sich auch im Koran findet. Das Alte Testament erwähnt ein Trauerfasten im Zusammenhang mit König David, der nach dem Tod Sauls, Jonathans und Abners und angesichts seines sterbenden Kindes fastet.

Christentum

Für katholische Christen lautet das dritte Kirchengebot: „Du sollst die gebotenen Fastentage und Abstinenztage halten!" Alle Freitage und der Aschermittwoch sind Abstinenztage. Sie gelten für katholische Christen im Alter von 14 bis 60 Jahren. Für das Fasten und die Fleischabstinenz sind im Laufe der Zeit viele Gründe geltend gemacht worden: der Gedanke der Buße, die Überwindung fleischlicher Begierde, die Reinigung vor der Gottesbegegnung, auch die wohltuende Wirkung für den Körper. Die orthodoxe Kirche setzt andere Schwerpunkte als die römisch-katholische. Orthodoxe Christen fasten in erster Linie als Trauer über die Sünde und um ihren Geist über die Lust der Welt zu erheben.

Zu Beginn der Passionszeit wird zum Beispiel in allen Gemeinden der syrisch-orthodoxen Kirche feierlich der „Apostolische Fastenhirtenbrief" vorgelesen, in dem die Daten der Fastenzeit und der Ostertage verkündet werden und zu einem ernsten Wahrnehmen des Fastens aufgerufen wird. Die Gläubigen fasten sechs Wochen lang von Montag bis Freitag bis zum Sonntag vor Ostern. Je nach ihrer körperlichen Verfassung und persönlichen Entscheidung nehmen sie bis zum späten Nachmittag nichts, dann nur vegetarische Kost zu sich. Auch größere Kinder können sich an dieser Aktion beteiligen. Samstags und sonntags wird wegen des Abendmahlsgottesdienstes gegessen, aber nur vegetarisch. Verstärkt besinnt man sich auch in evangelischen Kirchen auf die Fastentradition, zum Beispiel in der Aktion „Sieben Wochen ohne", wobei viele auf Süßigkeiten, Alkohol oder TV-Konsum verzichten. Wenn die Erwachsenen sich daran halten, kann dies auch für Kinder ein gutes Vorbild sein. Viele haben erfahren, dass das Fasten die Sinne schärft und den Geist klar macht, dass man die Gier beherrschen und man sich durch das Fasten der Gaben Gottes stärker bewusst werden kann.

Judentum

Auch Juden fasten an bestimmten Feiertagen, zum Beispiel am Jom Kippur, dem Tag der Versöhnung. Ein weiteres Beispiel, bei dem aus Fasten moralische Kraft geschöpft wird, ist die Geschichte von Esther, der beim jüdischen Purimfest gedacht wird. Insbesondere dieses Fest eignet sich zu gemeinsamen Feiern in Schule und Kindergarten. Da das Purimfest im Februar oder März stattfindet, ist auch eine Verbindung mit einer Karnevals- oder Faschingsfeier denkbar. Aber das müsste vorher mit den jüdischen Eltern und Kindern abgesprochen werden.

Juden denken zu Purim an die Errettung vor dem bösen Haman. Er war ein einflussreicher Mann am Hof des Perserkönigs Ahasveros, in dessen Reich viele Juden lebten. Ahasveros wurde von seinem Minister Haman angestachelt, alle Juden umbringen zu lassen. Dies sollte an einem besonderen Tag geschehen, den er durch Lose (Purim) bestimmte. Esther, die jüdische Ehefrau des Königs, erfuhr von dem bösen Plan. Sie fastete drei Tage lang und hieß die jüdischen Bewohner der Hauptstadt dasselbe tun. Das Fasten steigerte ihren Mut und ihre Entschlossenheit, so dass sie es wagte, den König anzusprechen und ihn umzustimmen. Die Juden erhielten die Erlaubnis, sich an diesem vom Los bestimmten Tag zu wehren.

Purim wird sehr ausgelassen gefeiert. Kinder nehmen Rasseln und randvoll mit Süßigkeiten gefüllte Tüten in die Synagogen mit. Immer wenn der Name Haman fällt, machen sie kräftig Lärm. Kinder führen die Hamangeschichte als Theaterstück auf. Es ist üblich, sich zu verkleiden. Am Tag selber wird zwar gearbeitet, aber abends mit einem Festmahl gefeiert.

Muslime verzichten im Monat Ramadan von der Morgendämmerung bis zum Einbruch der Nacht darauf, zu essen und zu trinken. Im Kindergarten und frühen Grundschulalter werden muslimische Kinder wahrscheinlich noch nicht fasten. Dennoch erleben sie den Ramadan als eine besondere Festzeit, verzichten vielleicht auf Süßigkeiten oder eine Mahlzeit am Tag. Als ich vor zwei Jahren zusammen mit meinem Mann und zwei meiner Töchter für eine Radiosendung islamische Jungen in einer Kölner Moschee über ihre Religion befragte, wollten unsere Kinder wissen, ob den Jungen das Fasten im Monat Ramadan schwer fällt, ob ihnen diese Pflicht eventuell lästig ist. Was empfindet zum Beispiel ein muslimisches Kind, wenn andere ihre Pausenbrote auspacken, es selbst aber nichts essen darf?

Alle Antworten der islamischen Jungen machten deutlich, dass sie stolz waren, mitfasten zu dürfen und den Fastenmonat als eine besonders feierliche Zeit empfanden. Der Verzicht auf Essen und Trinken schien ihnen nicht übermäßig schwer zu fallen.

Islamische Kinder werden von ihren Müttern vor der Morgendämmerung geweckt, damit sie ein sehr frühes Frühstück einnehmen können, bevor der anstrengende Fastentag beginnt. In orientalischen Ländern ziehen oft Trommler durch die Gassen, um die Menschen zu dieser frühen Zeit zu wecken. Ältere Jugendliche, die die Fastenzeit in ihrer Heimat erlebt haben, könnten erzählen, inwieweit die Stimmung unterschiedlich ist und was sie in Deutschland vermissen. Man könnte den Ramadan zum Anlass nehmen, mit den eigenen Kindern über die Fastenzeit zu sprechen. Sie könnten erfahren, dass früher die Adventszeit eine Buß- und Fastenzeit war.

Muslime fasten aus verschiedenen Gründen. Hauptsächlich deshalb, weil Gott es ihnen im Koran geboten hat und das Fasten im Monat Ramadan zu den fünf Grundpflichten ihres Glaubens gehört. Der Monat Ramadan, der neunte Monat des islamischen Kalenders, gilt den Muslimen als der „Sultan der zwölf Monate", d. h. als der wichtigste und heiligste des Jahres. Während des 29 bis 30 Tage dauernden Monats, der sich am Mondumlauf orientiert und daher in verschiedene Zeiten unseres Sonnenkalenders fällt (jedes Jahr ca. elf Tage früher als im Vorjahr) schreibt der Islam das Fasten vor. Es beginnt vom Zeitpunkt der Morgendämmerung und endet nach Einbruch der Nacht. Im Sommer kann daher das Fasten bis zu 20 Stunden dauern. Altersschwache, kleine Kinder und unheilbar Kranke sind vom Fasten befreit. Reisende und schwangere Frauen können ihr Fasten verschieben.

Der Ramadan ist auch deshalb ein heiliger Monat, weil in dieser Zeit die Offenbarung des Korans begann. In der „Nacht der Bestimmung" denken Muslime insbesondere an dieses Ereignis. Während Christen in der Heiligen Nacht feiern, dass Gott Mensch wurde, erinnern sich Muslime daran, dass Gott ihnen den Koran geschenkt hat.

Darüber hinaus begründen Muslime ihr Fasten mit Argumenten, die christlichen ähnlich sind. Sehr wichtig ist die moralische Bedeutung des Fastens. Man soll auch versuchen, sich mit seinen Widersachern zu versöhnen. Niemand soll im Ramadan lügen oder betrügen oder anderen Menschen übel nachreden. Geschwister sollen sich nicht streiten. Das gilt zwar immer, doch im Ramadan wird es besonders empfohlen.

Das Ziel des islamischen Fastens besteht auch darin, das Bewusstsein von der Gegenwart Gottes zu intensivieren. Menschen, die immer satt zu essen haben, vergessen leicht, dass alle Gaben von Gott kommen und man dafür dankbar sein soll. Durch ihren Verzicht auf Nahrung spüren die Menschen am eigenen Leib, was es bedeutet, zu hungern. Nicht zuletzt stärkt Fasten den Gemeinschaftssinn. Fasten im Zusammenhang mit den Problemen der Dritten Welt zu sehen ist nicht nur typisch islamisch. Auch viele Christen sehen ihr Fasten im Rahmen einer globalen sozialen Verantwortung. Fasten und Fleischabstinenz erhalten dadurch eine neue Dimension.

Viele hinduistische Handlungen werden vom Fasten begleitet. Bei zahlreichen Festen legen die Feiernden das Gelübde ab zu fasten. Beispielsweise besteht eine Feier zur Verehrung von Shiva aus Nachtwache, Fasten und Verehrung.

Nach hinduistischer Vorstellung besitzen Frauen eine besondere Kraft oder Macht, die so genannte shakti.

Frauen sorgen für den Haussegen, organisieren Gottesdienste und treffen sich zu verehrungsvollen Gesängen im Tempel. Auch bewahren sie Mythen und Märchen, die sie ihren Kindern erzählen. Frauen halten daher besonders streng die erforderlichen Gelübde, vor allem das Fasten ein. Dadurch wollen sie von den Göttern Gesundheit für Mann und Kinder erbitten.

Außerdem gehört Fasten zur asketischen Tradition des Hinduismus. Es gibt zahlreiche, unterschiedlich benannte Persönlichkeiten (Sadhu, Samnyasin, Yogin), welche in einem bestimmten Abschnitt ihres Lebens die Gesellschaft verlassen und ganz auf sich gestellt das Heil suchen. Einige ziehen von einem heiligen Ort zum anderen, andere suchen sich einen Guru oder begeben sich in Klöster. Dieses Leben ist immer mit asketischem Lebenswandel bzw. Fasten verbunden. In manchen Fällen wird auch eine bestimmte Diät eingehalten, zum Beispiel nur Milch getrunken oder nur Früchte verzehrt.

Fasten kommt auch in einem weiteren Zusammenhang vor. Verbreitet sind die Unterscheidung in rohe und gekochte Speisen und die sich daraus ergebenden Nahrungstabus. Rohe Nahrungsmittel dürfen von fast jedem angenommen werden. Als rohe Nahrungsmittel gelten alle in Wasser gekochten Getreidespeisen, aber auch Früchte, Honig, Linsen und viele Gemüsesorten.

Unter heißen Speisen versteht man hingegen in Butterschmalz oder Öl fritiertes Gemüse, Süßigkeiten, Fleisch und Eier. Die Lebensmittel beider Gruppen sollen in ausgewogenem Verhältnis genossen werden. Gekochte Speisen dürfen nur dann unbedenklich verzehrt werden, wenn sie im eigenen Haus unter Wahrung der Reinigungsvorschriften zubereitet werden. Es gibt genaue Vorschriften, wer von wem gekochte Speisen annehmen darf: der Jüngere vom Älteren, die Frau vom Mann und der Rangniedere vom Ranghöheren.

Fasten bedeutet für viele Hindus, keine zubereiteten Speisen oder gekochtes Getreide zu sich zu nehmen.

Eine besondere Rolle im Neuhinduismus spielt das politisch motivierte Fasten, wobei jedoch das Fasten selbst nur einen Aspekt darstellt. Mahatma Gandhi, der in Südafrika erfahren musste, mit welcher Verachtung seine indischen Landsleute bedacht wurden, entwickelte eine Methode des politischen Handelns, die schließlich im Befreiungskampf der Inder gegen die Briten ihren Höhepunkt fand. Gandhi prägte den Begriff Satyagraha (Festigkeit in der Wahrheit). Diese Einstellung beinhaltet das freiwillige Leiden angesichts einer als wahr erkannten Überzeugung. Zu diesem freiwilligen Leiden kann auch der Verzicht auf Nahrung gehören. Satya (Wahrheit) schließt Liebe und Festigkeit ein. Mit dieser Methode erreichte Gandhi, dass die Briten Indien schließlich in die Unabhängigkeit entließen.

In den späteren Lebensjahren verschrieb sich Gandhi dem Ideal des Brahmacharya, „Wandern gemäß dem Brahman“, das neben Enthaltsamkeit auch eine bestimmte Rohkostdiät beinhaltete.

Dass Fasten auch Macht und moralische Kraft bedeuten kann, lässt sich für Kinder am Beispiel des Hinduismus anschaulich anhand des Buches „Ganesh oder eine neue Welt“ von Malcom Bosse erläutern. Dieses sehr empfehlenswerte Jugendbuch schildert, wie Geoffrey – sein indischer Name lautet Ganesh, nach dem Gott mit dem Elefantenkopf, der Widerstände überwindet – zunächst mit seinen aus Kanada stammenden Eltern in einem indischen Dorf aufwächst und auch hinduistisch fühlt und handelt. Nach dem Tod des Vaters kehrt er zu seiner Tante nach Kanada zurück. Seine westlichen Freunde empfinden Ganeshs Verhalten als fremd und unverständlich, bis Geoffrey in Anlehnung an Gandhis Prinzip des Satyagraha durch einen Hungerstreik die Enteignung und Zerstörung des Hauses seiner Tante verhindert, das einer Schnellstraße weichen soll.

Satyagraha war für Gandhi nicht nur eine Technik, sondern eine Lebenshaltung. Der Begriff bedeutet Festhalten an der Wahrheit. Das Streben nach Wahrheit schließt die Anwendung von Gewalt gegen einen Gegner aus. Doch soll man sich dem Bösen nicht einfach widerstandslos unterwerfen, sondern die ganze Kraft der eigenen Seele dem Tyrannen bzw. dem Bösen entgegensetzen. Satyagraha ist nicht nur eine Weigerung, Gewalt auszuüben, sondern auch sie hinzunehmen. Satyagraha umfaßt alle Lebensbereiche, auch die Ernährung. Jedoch soll man nicht aus Selbstgerechtigkeit fasten. Fasten war für Gandhi ein Mittel des gewaltlosen Widerstands. Das Fasten bis zum Tode konnte für Gandhi unter Umständen die stärkste und wirkungsvollste Waffe von Satyagraha sein.

Weiterführende Literatur:

Lionel Blue/June Rose, Ein Vorgeschmack des Himmels. Abenteuer religiöser Kochkunst, München 1979

Malcom Bosse, Ganesh oder Eine neue Welt, Hamburg 1992 (auch dtv Junior)

Willi Fährmann, Es geschah im Nachbarhaus, Würzburg 1996

Peter Heine, Kulturknigge für Nichtmuslime, Freiburg i. Br. 2. Aufl. 1996

Reinhard Kirste/Herbert Schultze/Udo Tworuschka, Feste der Religionen, Gütersloh 2. Aufl. 1997

Michael Klöcker/Udo Tworuschka (Hg.), Ethik der Religionen Band 3, Gesundheit, München, Göttingen 1985

Salcia Landmann, Die koschere Küche, München 1976

Brigitte Messerschmidt, Ein Licht auf unserem Weg, Geschichten zu jüdischen Festen, Düsseldorf 1995

Björn Uwe Rahlwes (Hg.), Weniger – aber mehr: Das Fastenbuch, Frankfurt a. M. 1998

Perry Schmidt-Leukel (Hg.), Die Religionen und das Essen, München 2000

Gertrud Wagemann, Feste der Religionen, Begegnung der Kulturen, München 1996

6. Religiöse Handlungen und allgemeine Gesten

Begrüßen und andere Gesten

Emotionen und Gesten sind keine natürlichen, angeborenen Verhaltensweisen des Menschen, keine Instinkte, sondern kulturell bedingt. Wie man seinen Kopf neigt, um ja oder nein zu sagen, ist ebenso unterschiedlich wie die Bedeutung des Weinens, Lächelns, Küssens, bestimmter motorischer Gesten und Bewegungen des Körpers. Die moderne Kulturanthropologie und Religionswissenschaft haben sich intensiv mit den kulturellen, also auch religiösen Grundlagen von Emotionen und Gesten beschäftigt.

Islam

Die unterschiedlichen Begrüßungsformeln von Muslimen sind von verschiedenen kulturellen Faktoren und von den in diesem Kulturraum verbreiteten Sprachen abhängig. Die arabische Hochsprache, die sich seit der Entstehung des Islams kaum verändert hat, wird nur schriftlich verwandt. Daneben gibt es unterschiedliche Dialekte mit je nach Land verschiedenen Begrüßungsformeln. In der Türkei wird Türkisch gesprochen, im Iran Persisch. Darüber hinaus wird in der Türkei, Syrien, dem Irak und dem Iran von einer Minderheit Kurdisch gesprochen. Auch die in Nordafrika lebenden Berber besitzen eine eigene Sprache.

Der Umgang der Menschen in der islamischen Welt ist durch große Höflichkeit gekennzeichnet. Wenn ein wohlhabender Mann sich einem ärmeren gegenüber herablassend verhält, so wird das als Verstoß gegen die göttliche Schöpfungsordnung verstanden, nach der alle gleich sind. Der respektvolle Umgang mit dem anderen äußert sich darin, dass man zum Beispiel einen Taxifahrer mit Meister oder Chef anredet. Ältere Männer bezeichnet man respektvoll als Vater oder Onkel, ältere Frauen als Tante oder Großmutter. War der oder die Betreffende in Mekka, gebührt ihnen der Titel Hadschi (Pilger, Pilgerin).

Eine weit verbreitete Anrede unter Muslimen lautet „Salam alaykum" Friede sei mit euch. Als Antwort folgt „Alaykum Salam!" Und Frieden mit euch. Da eine solche Begrüßung eine Schutz- und Beistandsverpflichtung beinhaltet, wurde sie Nichtmuslimen gegenüber nicht ohne weiteres ausgesprochen. Wusste man nicht, ob der Fremde Muslim oder Bündnispartner war, verwandte man die Begrüßung „as-Salam ala'l-Mumin" Friede dem Gläubigen.

Im Allgemeinen begrüßen sich Menschen im Nahen und Mittleren Osten, indem sie sich die jeweilige Tageszeit wünschen. Diese Begrüßungsformeln unterscheiden sich von Land zu Land. Anschließend versuchen die Grüßenden sich mit Segenswünschen zu übertreffen. Auf die Frage „Wie geht es", wird keine ausführliche Antwort erwartet. Erwidert man die Frage mit „gut" folgt die Feststellung „Gott sei Dank" (al-Hamdu lilllah). Es gilt als höflich, sich nach dem Befinden des Hauses bzw. der Familie oder auch nach den Geschäften zu erkundigen. Orientalische Männer halten es jedoch für unziemlich, den Namen der Frauen direkt zu erwähnen. Wenn man sich verabschiedet, erwartet man von den Scheidenden ein Bedauern über die Trennung. Wird die Hoffnung auf ein baldiges Wiedersehen ausgesprochen, so wird ein In scha'Allah („Wenn Gott will") hinzugefügt. Dieser Satz wird bei allen privaten und gesellschaftlichen Vorhaben verwandt.

Wenn sich Freunde und Bekannte nach längerer Zeit wiedersehen, umarmen sie sich. Auch werden zur Begrüßung die Hände ineinander gelegt, allerdings ohne sie fest zu schütteln. Auch Handküsse sind üblich. Damit wird Respekt oder ein Abhängigkeitsverhältnis ausgedrückt, zum Beispiel einem höher Gestellten gegenüber. Beim Opferfest küssen die Kinder ihren Eltern und Großeltern die Hand. Da Frauen Männern nicht die Hand geben, ist es in manchen Ländern üblich, dass Frauen bei der Begrüßung die Hand auf das Herz legen und Männer sich leicht verbeugen.

Eine Ablehnung wird im Orient nicht durch Kopfschütteln gezeigt. Das einmalige Anheben und Senken des Kopfes kann eine Ablehnung ausdrücken. Meistens wird nur eine Augenbraue ruckartig angehoben. Ergänzt werden diese Gesten durch ein Schnalzen mit der Zunge und ein Verziehen des rechten Mundwinkels.

Buddhismus

Auch der Umgang von Menschen im asiatischen Kultrurraum ist von ausgesprochener Höflichkeit geprägt. Viele Asiaten begrüßen sich, indem sie die Hände vor der Brust falten und sich respektvoll verbeugen. Wenn man einem buddhistischen Mönch aus Sri Lanka begegnet, hält man die Hände in Gebetshaltung knapp unterhalb des Kinns. Es wäre unpassend, ihm die Hand zu schütteln; denn Mönche sollen nicht berührt werden. Wer einem Mönch etwas schenken will, sollte es mit beiden Händen tun zum Zeichen, dass es sich um eine freiwillige Gabe handelt. Da Mönche Geld nicht berühren dürfen, legt man Geldgeschenke auf eine Opferschale.

Beim Eintritt in einen Tempel oder eine andere religiös verehrte Stätte muss man Kopfbedeckung und Schuhe ablegen.

Eine Mischung aus Nicken und Schütteln des Kopfes bedeutet prinzipiell Zustimmung oder einfach „ja".

In ganz Südasien gilt die linke Hand als unrein und soll beim Essen nicht verwandt werden. Man isst allgemein mit den Fingern der rechten Hand und benutzt diese auch beim Essen mit Besteck und zum Weiterreichen der Schüssel.

Weiterführende Literatur:

Ina Corinne Brown, Verstehen fremder Kulturen, Frankfurt a. M. 1968

Peter Heine, Kulturknigge für Nichtmuslime, Freiburg i. Br. 2. Aufl. 1996

Weston La Barre, Die kulturelle Grundlage von Emotionen und Gesten. In: Wilhelm Emil Mühlmann/Ernst Müller (Hg.), Kulturanthropologie, Köln 1966, S. 264-285

Gebete und Gebetshilfen

Gebet – das Herz der Religionen

Gebete sind das Herz der Religionen. Nicht nur Christen beten, auch die Gläubigen anderer Religionen nehmen mit ihrem Gott durch Gebete Kontakt auf. Von Mohammed, der selber gern und viel betete, ist der Satz überliefert: „Es kann nichts Gutes an einer Religion sein, die das Beten nicht mehr kennt." Viele ähnlich lautende Aussagen lassen sich aus den Religionen dieser Welt zusammentragen. Alle betonen die zentrale Bedeutung, die das Gebet in der Frömmigkeit des Einzelnen und der Gemeinschaft besitzt.

„Dem religiösen Menschen ist das Gebet das Alpha und Omega aller Frömmigkeit, die Quelle aller geistigen Freuden und sittlichen Kraft", bemerkte der Theologe und Religionswissenschaftler Friedrich Heiler in seinem 1918 verfassten Klassiker „Das Gebet".

Unter einem Gebet im weiteren Sinne versteht man jedes Ritual, das den Zweck hat, eine nähere Beziehung zu einem höchsten Wesen herzustellen: Das naive Beten des primitiven Menschen, die rituelle Gebetsformel, der Hymnus, die Zeremonientänze bestimmter Stämme können ebenso als eine Form des Gebets verstanden werden wie zum Beispiel die Meditation der Buddhisten. Unter einem Gebet im engeren Sinne versteht man dagegen eine Anrede des Menschen an einen personalen Gott oder Götter. Oft ist ein Gebet mit bestimmten Gebetshaltungen und -gesten verbunden. Es gibt individuelle und gemeinschaftliche Gebete, förmliche und spontane, gesprochene und stumme. Die verschiedenen Formen des Gebets stehen im Mittelpunkt des Gottesdienstes. Im Alten Testament wird der Tempel „ein Haus des Gebets" genannt (Jes. 56,7). Die Psalmen, die Gebete der Liturgie in Tempel und Synagoge, bildeten auch die Grundlage für die Gebete des frühen Christentums. Wesentliche Bestandteile des christlichen Gebetes sind: Anrufung und Lobpreisung Gottes, Dankgebet, Fürbitte (für den Betenden selbst oder für andere), Bitte um Vergebung.

Auch in anderen Religionen sprechen die Gläubigen Gebete, um zu loben, zu bitten und zu klagen. Religionen prägen den Ablauf des menschlichen Lebens, von der Geburt bis zum Tod, vom Morgen bis zum Abend. Alle diese Momente werden von Gebeten begleitet. Die Gebete geben einen Einblick in den besonderen Charakter, die „Lebensmitte“ (G. Mensching) einer Religion. Andererseits sind ihre Inhalte so universalmenschlich, dass sich auch Angehörige anderer Traditionen von ihnen angesprochen fühlen. Ihr spiritueller Reichtum lässt oft auch vermeintlich Religionslose nicht unbeeindruckt.

Die großen Religionen haben zentrale Gebete, die bei den Gottesdiensten und anderen wichtigen Anlässen gesprochen werden.

Christentum

Das wichtigste christliche, von Jesus selbst gestiftete Gebet ist das „Vaterunser“ (Mt 6,9–13):

Vater unser, der du bist im Himmel,
geheiligt werde dein Name.
Dein Reich komme.
Dein Wille geschehe
wie im Himmel so auf Erden.
Unser täglich Brot gib uns heute
Und vergib uns unsere Schuld,
wie auch wir vergeben unseren Schuldigern.
Und führe uns nicht in Versuchung,
sondern erlöse uns von dem Bösen.
Denn dein ist das Reich und die Kraft und die Herrlichkeit
in Ewigkeit.
Amen.

Eines der zentralen Gebete des Judentums ist das Schema Israel („Höre Israel"), das nach seinen ersten Worten benannt ist: „Höre, Israel, der Ewige, unser Gott, der Ewige, ist einzig" (Dtn 6,4). Das Schema-Gebet besteht aus drei Teilen: Dtn 6,4–9; Dtn 11,13–21; Num 15,37–41. Das Gebet enthält folgende Gedanken: göttliche Einheit, Liebe des Menschen zu Gott und seiner Tora, Lohn- und Strafgedanken, Exodus aus Ägypten. Das Schema Israel wird täglich in den Morgen- und Abendgottesdiensten gebetet, außerdem gehört es zum Sterberitual.

Höre, Israel,
der Ewige, unser Gott, der Ewige ist einzig!

Gelobt sei der Name der Herrlichkeit seines Reiches immer und ewig.

Du sollst den Ewigen, deinen Gott, lieben und mit deinem ganzen Herzen und deiner ganzen Seele und deinem ganzen Vermögen.

Es seien diese Worte, die ich dir heute befehle in deinem Herzen.

Schärfe sie deinen Kindern ein und sprich von ihnen, wenn du in deinem Hause sitzest und wenn du auf dem Wege gehst, wenn du dich niederlegst und wenn du aufstehst.

Binde sie zum Zeichen auf deinen Arm, und sie seien zum Denkband auf deinem Haupte.

Schreibe sie auf die Pfosten deines Hauses und deiner Tore!

Und es sei, wenn ihr auf meine Gebote hört, die ich euch gebiete, den ewigen, euren Gott, zu lieben und ihm zu dienen mit eurem ganzen Herzen und eurer ganzen Seele. So werde ich den Regen eures Landes zu seiner Zeit geben, Frühregen und Spätregen, du wirst dein Getreide einsammeln und deinen Most und dein Öl. Ich werde Gras deinem Felde geben für dein Vieh, du wirst essen und satt werden. Hütet euch, dass euer Herz nicht verführt werde und ihr abweichet und fremden Göttern dient und euch vor ihnen bückt. Da würde der Zorn des Ewigen wider euch entbrennen, er würde den Himmel verschließen, dass kein Regen fällt und die Erde ihren Ertrag nicht gibt, und ihr würdet bald zugrunde gehen aus dem guten Lande, das der Ewige euch gibt.

Legt diese meine Worte in euer Herz und in eure Seele, bindet sie zum Zeichen auf euren Arm, und sie seien zum Denkband auf eurem Haupte.

Lehret sie eure Kinder, davon zu sprechen, wenn du in deinem Hause sitzest und wenn du auf dem Wege gehst, wenn du dich niederlegst und wenn du aufstehst. Schreibe sie auf die Pfosten deines Hauses und deiner Tore.

Auf dass sich eure Tage vermehren und die Tage eurer Kinder auf dem Erdboden, den der Ewige euren Vätern zugeschworen, ihnen zu geben, wie die Tage des Himmels über der Erde.

Und der Ewige sprach zu Mosche so:

Sprich zu den Kindern Israel und sage ihnen, sie sollen sich Schaufäden machen an die Ecken ihrer Kleider für ihre Geschlechter und sollen an den Schaufäden der Ecken einen Faden von himmelblauer Wolle anbringen. Sie seien euch zu Schaufäden, ihr sollt sie sehen und aller Gebote des Ewigen gedenken und sie erfüllen, auf dass ihr nicht eurem Herzen und euren Augen nachspähet, denen ihr nachbuhlet. Auf dass ihr gedenket und alle meine Gebote erfüllet und heilig seiet eurem Gotte. Ich bin der Ewige, euer Gott, der ich euch aus dem Lande Mizraim (Ägypten) geführt, euch zum Gotte zu sein, ich bin der Ewige, euer Gott.

Hauptgebet aller werktäglichen synagogalen Gottesdienste im Judentum ist das „Achtzehngebet". Im Laufe der Zeit wurde dem Gebet eine 19. Bitte um Frieden hinzugefügt. Trotzdem wurde der traditionelle Name beibehalten. Die einzelnen Bitten werden jeweils mit einem Segensspruch beschlossen, der eine bestimmte Eigenschaft Gottes hervorhebt. Das Gebet besteht aus Lobpreis, Bitte und Danksagung. Der Beter bittet nicht nur für sich selbst, sondern auch für das Schicksal des ganzen Volkes. Es wird die Hoffnung auf eine Sammlung aller Verstoßenen des Volkes aus allen Teilen der Erde unter einer gerechten und starken Regierung geäußert. Alle Feinde, Verleumder und Ruchlosen sollen vernichtet, alle Frommen sollen belohnt werden. Zum Schluss wird um den Neuaufbau Jerusalems und die Erhörung der Gebete gebetet. Das „Achtzehngebet" wird stehend mit dem Blick nach Osten gesprochen.

Zentrales jüdisches Gebet im täglichen Morgen- und Abendgebet ist das Alenu („An uns ist es zu preisen"). Seine zentralen Themen sind die Einzigartigkeit Gottes, Auserwählung Israels, Vertrauen auf die Realisierung des Reiches Gottes.

Was Juden zum Gebet brauchen

In der Synagoge tragen Männer, die zum konservativen Judentum gehören, eine Kappe, Kippah bzw. jiddisch Yarmulke genannt, aus Ehrfurcht, um beim Gebet Gott nicht mit bloßem Haupt gegenüberzustehen. Die Kopfbedeckung ist Ausdruck der Erniedrigung vor Gott. Es ist üblich geworden, dass auch nicht-jüdische Männer in Begleitung von Juden beim Betreten einer Synagoge die Kippah tragen. Orthodoxe Männer tragen die Kippah bei allen Gelegenheiten. Ebenso werden beim Gebet ein Tallit, ein Gebetsschal und die Tefillin, die Gebetsriemen, getragen. An den Gebetsriemen sind eckige Lederkapseln befestigt, die am linken Oberarm und an der Stirn befestigt werden. Eine Kapsel enthält die auf Pergament geschriebenen Bibelverse: Dtn 6,4–9; 11,13–21; Ex 13,1–10 und 11–16. Nach frommer Tradition sollen sie den Gläubigen an die Gottesoffenbarung und den Exodus aus Ägypten erinnern. Die Gebetsriemen versinnbildlichen, dass der Mensch sich ganz an Gott bindet. Streng gläubige Juden tragen auch Tsitsit, eine Art Fransen oder Quasten, die an einer Jacke unter dem Hemd getragen werden, um die Gebote von Num 15,37–41 und Dtn 22,12 zu erfüllen. Weniger orthodoxe tragen Tsitsit nur an den Rändern ihres Gebetsschals. Dabei handelt es sich um einen viereckigen weißen Schal mit schwarzen oder blauen Streifen längs der Seitenkanten.

Die „Eröffnungssure" (Sura al-Fatiha), die erste Sure des Korans, ist das wichtigste Gebet im Islam:

Lob sei Gott,
dem Herrn der Welten,
dem barmherzigen Erbarmer,
dem Herrn des Gerichtstages.
Dir dienen wir, dich rufen wir um Hilfe an:
Führe uns den geraden Weg,
den Weg derer,
denen du Gnade erwiesen hast,
und nicht derer,
die Gegenstand des Zorns sind und die in die Irre gehen.

Diese Verse sind Hauptbestandteil des Salat („rituelles Pflichtgebet") und werden nicht weniger als fünfmal täglich von den Muslimen gebetet. In den Augen mancher Muslime enthält die Fatiha die „vollständige Botschaft des Korans".

Das rituelle Gebet gehört zu den fünf Grundpflichten. Alle Erwachsenen müssen das Pflichtgebet fünfmal am Tag beten. Kranke, alte Menschen und Reisende dürfen das Gebet verschieben oder abkürzen. Einmal in der Woche beten alle zusammen in der Moschee das Gemeinschaftsgebet. Abgesehen von der Fatiha werden bestimmte Gebete bei Geburt, Hochzeit, Beerdigung oder bei bestimmten Festen gesprochen.

Wenn Muslime beten, drücken sie damit ihr Gott-Vertrauen aus; denn Gott ist barmherzig und „umsorgt" die Menschen, wie der islamische Gelehrte Abdoldjavad Falaturi formulierte. Die Gläubigen werden vom Gebetsrufer, dem Muezzin, vom Minarett der Moschee zum Gebet gerufen. Der Gebetsruf des Muezzin erfolgt zu Beginn der täglichen fünf Gebetszeiten. Der auf Arabisch gesungene Adhan (türk. Ezan) lautet:

Allahu akbar: Gott ist groß/am größten (viermal). Ich bezeuge, dass es keine Gottheit gibt außer dem Gott! (zweimal). Ich bezeuge, dass Mohammed der Gesandte des Gottes ist! (zweimal). Kommt zum Gebet! (zweimal). Allahu akbar! (zweimal). Es gibt keine Gottheit außer dem Gott (einmal).

Beim Morgengebet wird vor dem zweitletzten Satz „Beten ist besser als Schlafen" (zweimal) eingeschoben. Der Adhan hat eine liturgische Funktion, ist darin dem Glockenläuten der Kirchen vergleichbar. In Deutschland ist seine (wie auch die der Glocken) Lautstärke, Dauer und Zeit nach dem Bundesimmissionsschutzgesetz geregelt.

Die Gebetszeiten sind für Muslime genau festgelegt: vor Sonnenaufgang, zur Mittagszeit, am Nachmittag, nach Sonnenuntergang und vor Einbruch der Nacht. Neben dem rituellen Pflichtgebet gibt es das persönliche Gebet, das die Gläubigen sprechen, wenn immer ihnen dazu zu Mute ist.

Was Muslime zum Beten brauchen

Vor dem Gebet reinigen sich die Muslime. Deshalb gibt es in der Nähe von Moscheen immer einen Brunnen oder einen Wasserhahn. Vor dem Gebet waschen sich die Gläubigen dreimal die Hände, spülen dreimal mit Wasser aus der rechten Hand den Mund. Dann waschen sie zuerst das Gesicht, die Arme bis zu den Ellbogen, dann Hals und Ohren, schließlich die Füße bis zu den Knöcheln. Von Mohammed ist der Satz überliefert: „Sauberkeit ist der halbe Glaube!" Ist kein Wasser vorhanden, erfolgt eine symbolische Reinigung. Außerhalb der Moschee verwenden Muslime Gebetsteppiche, um den heiligen Ort des Gebetes von der übrigen profanen Umwelt zu trennen. Ist kein Teppich vorhanden, erfüllt zur Not sogar eine Zeitung diesen Dienst. Der Gebetsteppich ist kein heiliger Gegenstand, sondern erfüllt nur hygienische Aufgaben. Muslime, die sich nicht in ihrer gewohnten Umgebung aufhalten, benötigen einen Kompass, um die genaue Gebetsrichtung nach Mekka bestimmen zu können. Während des Gebets stehen die Muslime aufrecht, verneigen sich, knien sich soweit hin, bis ihre Stirn den Boden berührt. Anschließend setzen sie sich wieder hin. Männer bedecken beim Gebet ihren Kopf mit einer Kappe, Frauen mit einem Kopftuch oder Schleier. Die aus 99 Perlen bestehende Gebetskette (Tasbih), die ähnlich wie ein Rosenkranz aussieht, symbolisiert nicht, wie gelegentlich behauptet wird, die 99 schönsten Namen Gottes. Ein Muslim, der seine Gebetskette abzählt, spricht 33mal Subhanallah („Ehre sei Gott"), 33mal al-Hamdulillah („Lob sei Gott") , schließlich 33mal Allahu akbar („Gott ist größer").

Buddhismus

In der von Siddharta Gautama Buddha gestifteten Religion steht kein personaler Schöpfergott im Zentrum, sondern die Befreiung des Menschen aus einer „generellen und existentiellen Unheilssituation" (Gustav Mensching). Im Zentrum des der Lehre des Buddha am nächsten stehenden Theravada-Buddhismus („südlicher Buddhismus") steht eine nichtpersönliche, neutrale Größe: das Nirwana. Theravadabuddhisten beten – jedenfalls von der Glaubenstheorie her – zu keinem Gott. Die Götter sind selbst noch befreiungsbedürftige Wesen. Im religiösen Alltag ist allerdings zwischen der bloßen Verehrung des in das Nirwana eingegangenen Buddha und seiner Anbetung oft nicht zu unterscheiden. Im Mahayana-Buddhismus, dem zur eigentlichen Weltreligion gewordenen „nördlichen Buddhismus" des „großen Fahrzeugs", gibt es zahlreiche Göttergestalten (Buddhas und Bodhisattvas), an die sich die Menschen mit ihren Anliegen wenden. Zentrales buddhistisches Bekenntnis ist die „Dreifache Zufluchtnahme", in der Buddhisten die drei Grundpfeiler ihrer Religion: Buddha, Dhamma („Lehre") und Sangha („Gemeinde") bekennen:

Ich nehme meine Zuflucht
zum Buddha!
Ich nehme meine Zuflucht
zum Dhamma (Lehre)!
Ich nehme meine Zuflucht
zur Sangha (Gemeinde)!

Meditation bedeutet, seinen Geist von Alltagsfragen freizumachen, sich auf das Wesentliche zu konzentrieren. Mit bestimmten Techniken versucht man zu lernen, aus der Alltagswelt auszutreten, sich zu versenken und darüber nachzudenken, wie man dem Geburtenkreislauf entrinnen und Nirwana erreichen kann. Zum Meditieren gehören Stille und Konzentration. Dabei können Bilder oder Buddhastatuen helfen, die der Meditierende stundenlang betrachtet. Der Duft von Weihrauchstäbchen und Kerzen soll auch bei der Meditation helfen. Im tibetischen Buddhismus gibt es Gebetsfahnen: Sie sind mit Sprüchen beschriftet und sollen durch das Flattern im Wind magische Kräfte entfalten. Ebenso verbreitet sind Gebetsmühlen, Gefäße, die durch Hand-, Wasser- oder Windantrieb gedreht werden. Dadurch aktivieren sie die in ihnen enthaltenen rituellen Formeln, zum Beispiel Om mani padme hum (tibetisch „Om, du Kleinod im Lotus") auf magische Weise. Durch das Drehen des Zylinders wiederholen die Frommen das vom historischen Buddha erstmals praktizierte In-Bewegung-Setzen des „Rades der Lehre". Bei der Herstellung der Gebetsmühlen gehen nach dem Glauben der Tibeter wohltätige Kräfte in die Materie ein und bleiben dort verhaftet. Durch die Rotation werden sie wieder freigesetzt, verhelfen dem menschlichen Geist zur Konzentration und bewirken eine schöpferische und intuitive Geisteshaltung.

Zu den beliebten buddhistischen Meditationsgegenständen gehören Beispiele der Vergänglichkeit von Welt und Mensch. Auf jeder der insgesamt vier Meditationsstufen lässt der Meditierende bestimmte Bewusstseinszustände zurück, bis schließlich die erlösende Erkenntnis erreicht ist, die den Übergang zum Nirwana markiert. Daneben gibt es eine abstrakte Versenkungsmethode: Man beginnt bei einem konkreten Gegenstand, z. B. Erde, Wasser, Feuer usw., und richtet seinen Blick so lange darauf, bis ein „Nachbild" als innerer Reflex beim Schließen des Auges vorhanden bleibt. Auf dem Wege fortschreitender Abstraktion verflüchtigen sich schließlich die Nachbilder, so dass an ihre Stelle der leere Raum tritt.

Weit verbreitet ist die Metta-Meditation. Der grundlegende Text ist das Metta-Sutta, das „Sutta von der Güte". Unter einer Sutta oder Sutra versteht man eine Lehrrede des Buddha:

Metta-Sutta

So soll der handeln, der das Heil erstrebt,
nachdem die stille Stätte er erkannt:
Er sei energisch, aufrecht, unbeirrt,
(doch) sanft und ansprechbar, hat Stolz verbannt.

Genügsam (sei er), unschwer zu erhalten,
bescheiden, nicht betriebsam, (ferner) klug;
er zügelt seine Sinne; bei Familien
ist er nicht anspruchsvoll, hat leicht genug.

Nicht gilt sein Trachten einem mindren Ziele
des andre, Weise, hätten ihm zu zeihn:
Den Wesen *allen* werde Glück und Frieden,
sie alle mögen (vollauf) glücklich sein!

Was immer es an Lebewesen gebe –
ob sie umherziehn mögen oder standfest,
(flach) ausgestreckt sind oder hochgestaltig,
klein oder mittel, schwächlich oder handfest,

vor Augen oder aber im Verborgnen,
(hier) in der Nähe oder fern daheim,
geboren oder erst noch im Entstehen:
Die Wesen *alle* mögen glücklich sein!

Er sollte niemals einen andern schmähn
und niemanden, wo immer auch, verachten;
aus Ärger und aus Feindlichkeit soll man
sich gegenseitig nicht nach Unheil trachten.

Gleich einer Mutter, die den eignen Sohn,
den einzigen, beschützt mit ihrem Leben,
soll gegenüber *allen* Wesen er
den Geist von Schranken freizumachen streben.

Zur ganzen Welt soll Güte er entfalten
und seinen Geist von Schranken (ganz) befrein,
nach oben, unten und in flacher Richtung,
nicht eingeengt, von Hass und Feindschaft rein.

Ob stehend, gehend, sitzend oder liegend:
Wie immer er der Schlaffheit nicht verfällt,
soll diese Geisteshaltung er erzeugen:
Dies nennt man göttlich Weilen in der Welt.

Indem er keiner falschen Ansicht huldigt,
die Silas pflegt, und wenn Erkenntnis sein,
hat er die Gier nach Lüsten überwunden:
Er geht in keinen Mutterleib mehr ein.

Metta bedeutet Freundlichkeit, Güte, Liebe – aber nicht im sexuellen Sinne. Metta meint – negativ – die Beseitigung jeglichen Übelwollens und positiv: die Einstellung der Mutter, die den einzigen Sohn mit ihrem Leben beschützt. Die Metta-Meditation beginnt bei der Person des Meditierenden: „Möge ich selbst glücklich und frei von Leiden sein." Dann wird dieser Wunsch schrittweise ausgeweitet: über die eigene Familie, Verwandte und Freunde bis hin zu ferner Stehenden, ja schließlich Feinden. Metta erstreckt sich nicht nur auf die Mitmenschen, gleich, welcher Rasse, Religion oder Nation sie auch angehören, sondern auch auf die Tierwelt, letztlich „auf alle Formen des Lebens und auf diese Weise auf das ganze Universum".

Weiterführende Literatur:

Friedrich Heiler, Das Gebet. Eine religionsgeschichtliche und religionspsychologische Untersuchung, unveränderter Nach-

druck der 5. Aufl. Mit Literaturergänzungen, München/Basel 1969 (1. Aufl. 1918)
Ders., Erscheinungsformen und Wesen der Religion, Stuttgart 1961
Thomas Ohm, Die Gebetsgebärden der Völker und das Christentum, Leiden 1948
Ders., Ruhe und Frömmigkeit, Köln/Opladen 1955
Monika und Udo Tworuschka (Hg.), Leih mir dein Ohr, Düsseldorf 2000 (Texte)
Udo Tworuschka, Lexikon Die Religionen der Welt, Gütersloh 1999

Gibt es die Zehn Gebote auch anderswo?

Ordnungsvorstellungen gehören zu den allgemein menschlichen Konstanten. Alle Religionen schreiben vor, wie das Leben in der Gemeinschaft aussehen, wie sich der Einzelne verhalten soll, was gut und böse, richtig oder falsch ist. Ethik kann unter Berufung auf den griechischen Philosophen Aristoteles (384–322 v. Chr.) als Theorie der menschlichen Lebensführung verstanden werden. Schon jungen Kindern kann man erklären, dass Religionen Vorstellungen davon haben, wie Menschen leben und miteinander umgehen sollen. Die in der hebräischen Bibel enthaltenen Zehn Gebote wurden vom Christentum übernommen. Sie enthalten ethische Richtlinien, die, nicht in wörtlicher, so doch in vergleichbarer Weise auch in anderen Religionen vorkommen.

Judentum/Christentum

Die religiösen Werte und Lebensformen des Judentums gründen im „Wort Gottes". Grundlage der jüdischen Ethik sind die „Zehn Gebote" und das Doppelgebot der Liebe: „Du sollst lieben Gott, deinen Herrn, von ganzem Herzen, von ganzer Seele und von ganzem Gemüte" (Dtn 6,5) – „Du sollst deinen Nächsten lieben wie dich selbst" (Lev 19,18). Rabbiner Leo Trepp formulierte: „Jede ethische Tat (...) ist Gottesdienst."

Vorbildfunktion in der jüdischen Ethik haben die Freude an der Tora und das unerschütterliche Gottvertrauen.

Die Zehn Gebote (Dekalog)

1. Ich bin der Herr, dein Gott. Du sollst keine anderen Götter neben mir haben.
2. Fertige kein Bild von Gott an.
3. Missbrauche nicht den Namen deines Herrn.
4. Halte den Ruhetag ein.
5. Ehre Vater und Mutter.
6. Du sollst nicht töten.
7. Zerstöre keine Ehe.
8. Du sollst nicht stehlen.
9. Lüge nicht.
10. Bringe nicht an dich, was einem anderen gehört.

Ziel christlicher Ethik über die konfessionellen Grenzen hinweg ist die Jesus-Nachfolge. Grundlage der christlichen Ethik ist die Botschaft Jesu, sein „Doppelgebot der Liebe“. Als Jude war für Jesus klar: Der Mensch soll die Gebote der Tora halten und Gott lieben. Ein solcher Mensch gilt als ein „Gerechter“. Als Jesus von einem jüdischen Gesetzeslehrer nach dem „vornehmsten Gebot im Gesetz“ gefragt wurde, zitierte er die beiden Verse (s. o.) aus dem Alten Testament (Dtn 6,5; Lev 19,18). Gedacht ist hierbei an das öffentliche und politische Zusammenleben des Jahwe-Volkes Israel. Nächstenliebe war gleichbedeutend mit Solidarität, kein privates, persönlich-intimes Gefühl. Der „Nächste“, der geliebt werden sollte, war der Stammes- bzw. Volksgenosse, die „Brüder“ bzw. „Söhne/Kinder deines Volkes“ (Lev 19,13–17). Radikal ordnete Jesus „alle anderen Gebote“ diesem einen Gebot unter. Außerdem weitete er den Kreis derer, auf die sich Nächstenliebe bezog, erheblich aus: „Nächste“ waren für ihn nicht mehr nur die Volksangehörigen. Es konnten sogar die als „Feinde“ des Judentums angesehenen Fremden im Land sein. Bei der Bergpredigt (Mt 5,3–12) bzw. der Feldrede (Lk 6,17ff.), einer themengleichen Parallelüberlieferung des Lukasevangeliums, handelt es sich nicht um eine zusammenhängende Rede Jesu, sondern um eine Zusammenstellung wichtiger ethischer Forderungen. Die neun Seligpreisungen der Bergpredigt verheißen das Heil nicht nur den Machtlosen und Leidenden, sondern auch denen, die Gerechtigkeit tun. Dabei werden die Rechtsvorstellungen der Tora mit der Formel „Ihr habt gehört" in Erinnerung gerufen. Zugleich werden sie mit dem Satz „Ich aber sage euch" einer besseren Gerechtigkeit gegenübergestellt. Gegenwärtig spielen die Forderungen vor allem in der Friedensethik und bei sozialen Problemen eine wichtige Rolle.

Zur Grundorientierung des christlichen Handelns gehört die – von vielen Religionen gelehrte – „Goldene Regel" in ihrer positiven Fassung: „Alles, was ihr also von anderen erwartet, das tut auch ihnen." Wesentlich für die christliche Ethik ist der Gedanke der Nachfolge Jesu. Jesus berief seine Jünger, ihm nachzufolgen. „Auf, mir nach!" – so lautet die bei Markus (1,17) überlieferte Aufforderung Jesu an die beiden künftigen „Menschenfischer" Simon und Andreas. Jesus rief, ohne dass er mit den Gerufenen lange darüber diskutierte, Menschen dazu auf, ihm nachzufolgen, ihm zu gehorchen, die heimatlichen Zelte abzubrechen, alles stehen und liegen zu lassen, hinter ihm ganz konkret herzugehen und die Strapazen des ruhelosen Umherziehens durchzuhalten. Wer Jesus nachfolgt, stellt sich in den Dienst Gottes, setzt sich mit ganzer Kraft für die Sache Jesu ein. Nicht nur Asketen, Mönche, Missionare und Heilige haben dies getan. Auch „normale" Christen, die ihr Christsein bewusst leben, stehen in der Nachfolge Jesu. Alle drei Synoptiker überliefern das entscheidende Nachfolge-Wort Jesu: „Wer mein Jünger sein will, der verleugne sich selbst, nehme sein Kreuz auf sich und folge mir nach" (Mt 16,24; Mk 8,34; Lk 9,23).

Islam

Islamische Ethik gründet auf den Koran, wird ergänzt durch die Sunna, die „Gewohnheit" des Propheten, und niedergelegt in der Scharia, dem islamischen Recht. Die Autorität Gottes und das menschliche Gewissen stehen im Mittelpunkt islamischer Ethik. Der folgende Korantext (17,22 ff.) enthält eine Aufstellung von Geboten, die den biblischen Zehn Geboten vergleichbar sind. Als besonderer Impuls islamischer Ethik kann der Gedanke der Verpflichtung gegenüber sozial Schwachen, die Gastfreundschaft und die Rücksichtnahme auf ältere Menschen verstanden werden.

1. Setz nicht (dem einen) Gott einen anderen Gott zur Seite, damit du (schließlich) nicht getadelt und verlassen dasitzest!

2. Und dein Herr hat bestimmt, dass ihr ihm allein dienen sollt.

3. Und zu den Eltern (sollt ihr) gut sein. Wenn eines von ihnen (Vater oder Mutter) oder (alle) beide bei dir (im Haus) hoch betagt geworden (und mit den Schwächen des Greisenalters behaftet) sind, dann sag nicht „Pfui!" zu ihnen und fahr sie nicht an, sondern sprich ehrerbietig zu ihnen. Und senke für sie in Barmherzigkeit den Fittich der (Selbst-) Erniedrigung und sag: „Herr! Erbarm dich ihrer (ebenso mitleidig), wie sie mich aufgezogen haben, als ich klein (und hilflos) war!" Euer Herr weiß wohl, was ihr in euch bergt. (Er erkennt) falls ihr rechtschaffen seid (euren guten Willen an, auch wenn ihr seinen Geboten nicht durchweg nachzukommen vermögt). Den Bußfertigen ist er bereit zu vergeben.

4. Und gebt dem Verwandten, was ihm (von Rechts wegen) zusteht, ebenso den Armen und dem, der unterwegs ist. Aber sei (dabei) nicht ausgesprochen verschwenderisch! Diejenigen, die verschwenderisch sind, sind Brüder der Satane. Und der Satan ist seinem Herrn gegenüber undankbar. Und falls du dich von ihnen abwendest (ohne ihnen etwas zu geben), indem du erwartest, dass dein Herr, wie du hoffst, sich (ihrer) erbarmen wird, dann sprich (wenigstens) begütigend zu ihnen!

Mach nicht, dass deine Hand (gleichsam) an deinen Hals gefesselt ist (d. h. sei kein Geizkragen). Aber streck sie (auch) nicht vollständig aus (indem du hemmungslos Geschenke austeilst), damit du (schließlich) nicht getadelt und (aller Mittel) entblößt dasitzest! Dein Herr teilt den Unterhalt reichlich zu, wenn er will, und begrenzt (ihn auch wieder). Er kennt und durchschaut seine Diener.

5. Und tötet nicht eure Kinder aus Furcht vor Verarmung! Wir bescheren ihnen und euch (den Lebensunterhalt). Sie zu töten ist eine schwere Verfehlung.

6. Und lasst euch nicht auf Unzucht ein! Das ist etwas Abscheuliches – eine üble Handlungsweise!

7. Und tötet niemanden, den (zu töten) Gott verboten hat, außer wenn ihr dazu berechtigt seid! Ihm wird (beim Vollzug der Rache) geholfen.

8. Und tastet das Vermögen der Waise nicht an, es sei denn auf die (denkbar) beste Art! Lasst ihr Vermögen unangetastet, bis sie volljährig geworden ist (und selber darüber verfügen darf)!

9. Und erfüllt die Verpflichtung (die ihr eingeht). Nach der Verpflichtung wird (dereinst) gefragt.

10. Und gebt, wenn ihr zumesst, volles Maß und wägt mit der richtigen Waage! So ist es am besten (für euch) und nimmt am ehesten einen guten Ausgang.

Buddhismus

Die Ethik des Buddhismus beruht auf anderen Voraussetzungen als die der Religionen, die auf einen persönlichen Gott bezogen sind. Nach buddhistischer Vorstellung hat kein Schöpfergott die Welt in ihr Dasein gerufen, noch ist der Welt ein Ziel eingestiftet. Das menschliche Leben wird nicht als einmalig und individuell verstanden. Durch gutes Tun verbessert man sein Karma, wohingegen schlechte Taten zu negativem Karma führen. Die Befolgung der Sila-Gebote (Moralvorschriften) führt nicht zur Befreiung aus dem Kreislauf der Wiedergeburten.

Die fünf Sila-Gebote für alle Menschen

Entscheidend bei den Sila-Geboten ist es, dass der Mensch sich selber verpflichtet, diese Gebote zu achten. Kein Gott sagt: „Du sollst" bzw. „Du sollst nicht".

1. Ich will keine Lebewesen töten.
2. Ich will nicht nehmen, was mir nicht gegeben wurde.
3. Ich will nichts Unsittliches tun.
4. Ich will nicht lügen.
5. Ich will keine Drogen nehmen.

Mönche und Nonnen müssen noch fünf weitere Gebote achten:

1. Ich will nicht zu unerlaubter Zeit essen.
2. Ich will mich nicht an Tanz, Musik und Schauspiel erfreuen.
3. Ich will keinen Schmuck und wohlriechende Kosmetika benutzen.
4. Ich will nicht in einem hohen und breiten Bett schlafen.
5. Ich will kein Gold und Silber annehmen.

Zentral ist für den Buddhismus die Erkenntnis des Leidens als Ursache menschlichen Unglücklichseins.

Buddhas Lehre von den vier edlen Wahrheiten besagt, dass das Leben nicht immer glücklich ist. Es besteht aus Leiden. Damit ist eine „generelle und existenzielle Unheilssituation" (Gustav Mensching) gemeint. Geburt ist Leiden. Alter ist Leiden. Krankheit ist Leiden. Tod ist Leiden. Man leidet, wenn man von denen, die man liebt, getrennt ist. Man leidet auch, wenn man mit Menschen, die man nicht mag, zusammen sein muss. Das Leiden entsteht dadurch, dass die Menschen sich gegenseitig hassen und töten, weil sie gierig sind und immer mehr haben wollen: mehr Geld, mehr Ansehen, mehr Ruhm. Diese Gier hindert sie daran, das Richtige zu tun, die richtige Einsicht zu haben und schließlich Nirwana zu erreichen. Im Nirwana beendet werden kann das Leiden, wenn man Gier und Hass unterdrückt.

Hinduismus

Angesichts der Vielschichtigkeit des Hinduismus verwundert es nicht, dass es kein geschlossenes hindu-ethisches System gibt. Hindus unterscheiden zwischen allgemein geltenden Normen, zum Beispiel Ahimsa („Nicht-Verletzen") einerseits, und kastenspezifischen Normen andererseits, zum Beispiel die Lehre von den vier „Lebensstadien" und „Lebenszielen". Dabei spielt der Begriff dharma, der ein „Seins- und Sollensgesetz" (G. Mensching) bedeutet, eine große Rolle. Traditionell herrscht bei den oberen Kasten die Auffassung, dass im menschlichen Leben vier Ziele verwirklicht werden sollen: Dharma, Kama, Artha und Moksha. Dharma meint über die Grundbedeutung hinaus das rechte, vernunftgemäße, rechtschaffende Leben im Rahmen der jeweiligen Kaste. Kama bedeutet Sexualität, Vergnügen, Wohlleben, Begehren. Die Sexualität ist eine menschliche Grundtatsache, die ihren eigenständigen Wert besitzt. Das indische Liebeskunst-Buch Kamasutram (ca. 250 n. Chr.) enthält Hinweise und Regeln für den Umgang der Geschlechter. Artha steht für Wohlstand, Vermögen, Ansehen und Erfolg. Dieser Begriff fasst alle diesseitigen Werte zusammen. Moksha bedeutet Erlösung und Befreiung, meint das „Aussteigen" aus dem unheilvollen Rad der Wiedergeburt.

Weiterführende Literatur:

Peter Antes u. a., Ethik in nichtchristlichen Kulturen, Stuttgart 1984
Michael Klöcker/Udo Tworuschka (Hg.), Ethik der Religionen – Lehre und Leben, 5 Bde. München/Göttingen 1984-86 (Bd. 1: Sexualität; Bd. 2: Arbeit; Bd. 3: Gesundheit; Bd. 4: Besitz und Armut; Bd. 5: Umwelt)
Michael Klöcker/Monika Tworuschka/Udo Tworuschka, Wörterbuch Ethik der Weltreligionen, Gütersloh 2. Aufl. 1996
Stefan Leimgruber, Interreligiöses Lernen, München 1995
Carl Heinz Ratschow (Hg.), Ethik der Religionen. Ein Handbuch, Stuttgart 1980

Übergangsriten – Feste am Lebensweg

Im Leben des Einzelnen und der Gemeinschaft, wie auch im Verlauf eines Jahres gibt es „kritische" Augenblicke, die von Riten begleitet werden müssen. Sie werden Übergangsriten (rites de passage) genannt. Jede Gesellschaft hat solche Übergangsriten. Sie dienen dazu, die Werte dieser Gesellschaft sicherzustellen. Zu den markantesten Einschnitten während eines Lebens gehören Geburt, Pubertät, Heirat und Tod. Allen Übergangsriten ist eine bestimmte Struktur, nämlich die Einteilung in drei Phasen, gemeinsam: 1. die Trennung des Einzelnen von seinem früheren Status; 2. eine Übergangsphase mit besonderen Ritualen; 3. der erneute Eintritt in die Gesellschaft mit dem neu erworbenen Status.

Empfängnis und Geburt werden meist von einem Elternteil oder von Vater und Mutter zusammen rituell begleitet. Juden und Muslime beschneiden ihre männlichen Nachkommen, Christen taufen sie mit Wasser. Dadurch werden die Säuglinge in die religiöse Gemeinschaft aufgenommen. Heranwachsende müssen sich besonderer Weihen unterziehen, um vom Kind zum Erwachsenen zu werden.

Selbst nichtkirchlich oder -religiös eingestellte Menschen nehmen Geburt, Heirat, religiöse Mündigkeit (Konfirmation, Kommunion, Firmung) und Tod zum Anlass, kirchlichen Segen und Beistand zu erbitten. Immer häufiger sind für viele Kinder diese Feiern oder Andachten überhaupt der erste Anlass, eine Kirche zu betreten und religiöse Zeremonien zu erleben.

Die Farbe Weiß spielt in vielen Religionen eine wichtige Rolle im Zusammenhang mit den Übergangsriten. Weiß symbolisiert nicht nur Reinheit, sondern auch Vergänglichkeit, Tod bzw. den Beginn eines neuen Lebensabschnitts. Nicht nur Tauf- und Hochzeitskleider sind daher weiß, sondern auch islamische Pilgergewänder, Gewänder bei der buddhistischen Mönchsweihe oder Tücher, in die man die Toten wickelt. Bei den frühen Christen war Weiß die Trauerfarbe. Damit unterschieden sich die Gläubigen von den Nichtchristen, deren

Trauerfarbe schwarz war.

Die Lebensabschnitte in den Religionen entsprechen nicht zwangsläufig den Abschnitten im säkularen Leben. Dort gliedert sich das Leben heute in Kindergartenzeit, Schulzeit, Ausbildung bzw. Berufsleben, Ruhestand. Wie wichtig der Beginn der Schulzeit genommen wird, demonstrieren die in den letzten Jahren immer zahlreicher gewordenen Anzeigen, in denen Eltern und Großeltern den Erstklässlern heute anlässlich des Schulbeginns gratulieren. Diese Anzeigen, die herkömmlichen Geburts-, Kommunions-, Konfirmations-, Hochzeits- und Todesanzeigen entsprechen, weisen auf die Wichtigkeit des Schulbeginns als neuen Lebensabschnitt hin. Da am ersten Schultag häufig ein Gottesdienst stattfindet, erhält der Tag immer noch eine gewisse religiöse Bedeutung. Früher war die Beziehung zwischen religiöser Unterweisung und Schulausbildung erheblich enger. Zu einer Zeit, als es allgemeine Schulpflicht noch nicht gab, war die Unterweisung in die eigene religiöse Tradition die einzige Ausbildung für Kinder, vornehmlich Jungen.

Geburt und Namengebung

Die Geburt eines Kindes ist in allen Religionen ein freudiges Ereignis. Man spricht Glückwünsche aus, überreicht Geschenke. Man sollte sich über die Gepflogenheiten in den jeweiligen Kulturen informieren, ob bzw. ab wann ein Besuch von Mutter und Kind erwünscht ist.

Christentum

Christen sind überzeugt, dass Gott sie von der Geburt bis zum Tod auf ihrem Lebensweg begleitet. Deshalb lassen viele Eltern ihr Kind bald nach der Geburt oder etwas später taufen. Das allen Konfessionen gemeinsame Begießen des Kopfes oder Untertauchen hat sein Vorbild in der Taufpraxis Johannes des Täufers, der Jesus taufte. Der Geistliche spricht die Worte: „Ich taufe dich auf den Namen des Vaters, des Sohnes und des Heiligen Geistes." Dann legt er dem Täufling seine Hand auf den Kopf und segnet ihn. Wer getauft ist, gilt als neu geboren. Aus der ursprünglichen Erwachsenentaufe, die im frühen Christentum die Abkehr von den Göttern der Umwelt besiegelte, wurde im Laufe der Christentumsgeschichte die Kinder- bzw. Säuglingstaufe. Heute kommen beide Formen nebeneinander vor. Die Paten versprechen, den Eltern bei der christlichen Erziehung des Kindes zu helfen. Zur christlichen Taufe gehört Wasser. Dieses Element gilt als Ursprung des Lebens, auch als Symbol der Reinheit. Zu Jesu Zeiten fand die Taufe in einem Fluss als Tauchbad statt. Verschiedene christliche Glaubensgemeinschaften, zum Beispiel die Baptisten, nehmen zur Taufe ein Ganzkörperbad vor. Sie verlegen die Taufe auf das Erwachsenenalter, da ihnen an einer bewussten mündigen Entscheidung des Täuflings gelegen ist.

Alle christlichen Gemeinschaften erkennen die jeweiligen Taufen gegenseitig an. Die Taufe ist Sakrament des Eintritts in die Kirche. Das Lima-Dokument des Ökumenischen Rates der Kirchen (1982) über die Taufe hat die gemeinsam wünschenswerten Elemente der Taufe dargelegt: Wortverkündigung, Anrufung des Heiligen Geistes, Absage an das Böse, Bekenntnis des Glaubens an Christus und die Dreieinigkeit, Verwendung von Wasser, Erklärung über die neue Identität der Getauften als Kinder Gottes und Mitglieder der Kirche zum Zeugnis für das Evangelium.

Bei der Taufe erhält das Kind seinen Namen, den die Eltern vorher ausgesucht haben. Früher wählten die Eltern fast ausschließlich Namen von Heiligen, zumal katholische Christen am Todestag ihres Heiligen Namenstag feiern. Der Name Maria war selbst für Jungen üblich, um damit die Mutter Jesu zu ehren. Viele Namen deuten auf Christus hin: wie Christian, Christiane, Christoph(er), Christa, usw.

Judentum

Von jüdischen Eltern wird erwartet, dass sie ihren Nachwuchs liebevoll groß ziehen und die moralische Verantwortung für sein Wohlergehen und seine moralische Erziehung tragen. Ein jüdischer Junge erhält seinen Namen bei der Beschneidungsfeier. Mädchen bekommen ihren Namen während des synagogalen Gottesdienstes in der Woche nach ihrer Geburt. Dann wird der Vater zum Lesen der Tora aufgerufen, und es wird ein Gebet für die Gesundheit von Mutter und Kind gesprochen. Jüdische Namen, die auch bei uns gebräuchlich sind, wie Miriam (die „Widerspenstige, die Schöne"), Sarah (die „Fürstin"), Ruth (die „Freundin"), Rebekka (die „Wohlgenährte"), Daniel („Gott ist mein Richter"), David (der „Geliebte") u. a. erinnern an bedeutende Persönlichkeiten und mit ihnen verknüpfte Ereignisse aus der Geschichte des alten Israel.

Islam

Schwangerschaft und Geburt sind im Koran Zeichen der Auferstehung. Denn Gott kann – wie es in der heiligen Schrift der Muslime heißt – die Menschen aus dem Grab hervorholen, wie er sie aus dem Mutterschoß hervorholt. Als Erstes soll ein neugeborenes Kind den Ruf zum Gebet (Adhan) hören. Während dieser ihm in das linke Ohr geflüstert wird, vernimmt es das Glaubensbekenntnis durch sein rechtes Ohr. Oft wird dem Baby etwas Zucker oder Honig auf die Zunge gelegt, damit es ein glückliches Leben haben soll. Diesen Brauch begleitet ein Gebet. Aus vorislamischer Zeit ist die Sitte erhalten geblieben, ein Tier zu schlachten und das Fleisch an Bedürftige zu verteilen. Vielfach ist es üblich, durch blaue Perlen die bösen Kräfte vom Wochenbett der Mutter abzuwehren. Die Namengebung (Aqiqah) erfolgt am 7. oder 40. Tag. Im Volksislam gibt es die Vorstellung, dass sieben Engel das Kind bewachen. Nach dem siebten Tag können diese vormals guten Beschützer gefährlich werden. In manchen Ländern wird dem Kind dabei etwas Haar abgeschnitten und dieses Haar in Gold aufgewogen. Der Gegenwert des Goldes wird an Arme und Bedürftige verteilt, auch um Gott gegenüber Dank für das Geschenk des gesunden Kindes zu zeigen. Manchmal wird auch etwas Haar als eine Art Opfer verbrannt. In einem Festzug, an dem sich alle Kinder und die weiblichen Mitglieder des Haushalts beteiligen, wird das Neugeborene durch das Haus getragen. Die älteren Kinder erhalten bei dieser Gelegenheit Süßigkeiten.

„Am Tag des Jüngsten Gerichts werdet ihr bei euren Namen gerufen werden und bei denen eurer Väter. Wählt daher schöne Namen aus!“, lautet eine Überlieferung Mohammeds. Nach einer anderen Tradition hat ein Vater drei Pflichten: seinem Sohn einen Namen zu geben, ihn schreiben zu lehren und zu verheiraten.

Viele Muslime nennen ihre Kinder Mohammed oder Ahmad nach ihrem Propheten. Die besondere Beliebtheit dieses Namens spiegelt die Bedeutung des islamischen Propheten wider. Auch die Namen der Frauen des Propheten oder bedeutender Gestalten aus der islamischen Geschichte sind gefragt: Ali, Fatima, Aischa, Khadidja für Mädchen, Hasan, Husain, Hakim, Tareq, Ibrahim u. a. für Jungen. Besonders verbreitet ist auch der Name Salah, der auf den berühmten Helden Saladin hinweist, der auch in der westlichen Geschichte der Kreuzzüge Bedeutung besitzt.

Nicht weniger selten gibt es Vornamen, die mit dem Namen Gottes kombiniert werden: Abdallah („Diener Gottes“) oder Abdaljawad („Diener des Ewigen“). Bisweilen spielt der Unterschied zwischen der sunnitischen und schiitischen Geschichtssicht auch eine Rolle bei der Namengebung. Sunniten nennen ihre Söhne gerne Omar. Wenn hingegen eine schiitische Mutter zu ihrem widerspenstigen Sohn sagt: „Du bist wie Omar“, so handelt es sich um eine Anspielung auf Omars negative Einstellung zu einigen Nachkommen Mohammeds, auf die sich die Schiiten berufen. Auch der Name von Mohammeds Lieblingsfrau Aischa ist aufgrund ihrer Kritik an Ali in schiitischen Kreisen nicht verbreitet.

Andere Namen ohne direkten religiösen Bezug sollen ein gutes Vorzeichen für den Lebensweg darstellen. Tapfer wie ein Löwe soll ein Junge sein, der im arabischen Raum Asad, in der Türkei Arslan und in Persien Schir heißt.

Ein Mädchen wird Husna genannt, wenn man hofft, dass sie eine „Schönheit“ wird. Auch Namen wie Fadl („Tugend“) und Ismat („Reinheit“) sind gebräuchlich. Niemals wird ein Name gedankenlos ausgesucht. Eltern hoffen, mit der Namengebung Einfluss auf den zukünftigen Lebensweg zu nehmen.

Es ist ferner üblich, mit der Floskel ibn (Sohn des) den Namen des Vaters oder Großvaters hinzuzufügen. Wir kennen vielleicht aus Büchern von Karl May den berühmten Hadschi Halef Omar ibn Hadschi Abu'l Abbas ibn Hadschi Dawud al-Gossarah. Hadschi ist der Ehrentitel für einen Mekkapilger. Der Zusatz Abu („Vater von") weist darauf hin, dass der Genannte selber schon Vater geworden ist. Vor allem in früheren Zeiten wies ein Name auch oft auf die geographische Herkunft hin, Salih al-Tunisi („Salih aus Tunesien").

Wenn ein Kind vier Jahre ist, lernt es zum erstenmal ein Stück des Korans auf Arabisch auswendig. Daher trägt der vierte Geburtstag den Namen Bismillah („Im Namen des barmherzigen Erbarmers"). Mit diesen Worten beginnen alle 114 Suren des Korans bis auf die neunte.

Buddhismus

Selbstverständlich freuen sich buddhistische Eltern über die Geburt gesunder Kinder. Doch nach der klassischen Lehre gilt die Geburt als Ursache für weiteres Leiden, für Alter, Krankheit, Tod. Ereigneten sich keine Geburten, so gäbe es folglich auch kein Leiden. Auf dem Weg zum Nirwana sollen Aktivitäten vermieden werden, die zu neuen Geburten (Wiedergeburten, Reinkarnationen) führen. Die klassischen buddhistischen Texte sehen also in der Geburt nichts Heiliges. Auch wenn die Geburt in der weltlichen Gesellschaft als etwas Positives gilt, über das sich die Menschen freuen, so genießt diese Welt in der Welt des Dharma keinen sehr angesehenen Rang und muss überwunden werden. Der Weg zum Nirwana gilt als überweltlich.

Japanische Buddhisten praktizieren seit langem Rituale für eine sichere Schwangerschaft und Geburt. Seit dem 16. Jh. war der Bodhisattva Jizo der japanische Haupt-Geburtsgott, und zahlreiche Tempel sind ihm geweiht. Seit einigen Jahren wird Jizo als Wohltäter der abgetriebenen Feten verehrt.

Über die Geburt eines Mädchens freut man sich weit weniger als über die eines Knaben. Wichtiges Ziel einer Hindu-Ehe ist das Zeugen männlicher Nachkommen; denn nur sie können einmal die Totenriten für die verstorbenen Eltern ausführen. Unter dem Druck, dem Mann nur ja den erwünschten Stammhalter zu schenken, werden oft weibliche Föten abgetrieben. So kann man auch die teure Mitgift für Mädchen sparen. Solche schlimmen Erscheinungen stehen allerdings im Widerspruch zur hinduistischen Lehre.

Im Hinduismus finden die Samskaras, die Übergänge zwischen zwei Lebensabschnitten, schon vor der Geburt statt. Zeugung, das Stadium der Fetusbildung, das Haarschneiden der Schwangeren werden rituell begleitet. Bestimmte Gebräuche sollen Mutter und Kind vor dem gefürchteten bösen Blick schützen, der vor allem von neidischen Personen ausgeht (schwangere Frauen, die ein gesund geborenes Kind beneiden, Witwen, Hungrige). Kleinkinder gelten als besonders gefährdet. Um sie zu schützen, bestreichen Frauen aus der Verwandtschaft den Bauch der werdenden Mutter mit Reis und Ingwer. Auch wird ihr ein Band um das Handgelenk gebunden, um sie vor dem bösen Blick zu bewahren. Vor den bösen Blicken kann man sich auch durch Amulette, Sprüche, Talismane, Ringe, sogar Senfkörner schützen. Das Ereignis der Geburt wird ebenfalls mit einem Ritus begangen. Eine Wöchnerin darf in den ersten Tagen nur von Frauen besucht werden. Am sechsten Tag gibt es eine wichtige Feier. Eine Frau malt dem Kind einen Fleck aus gelbem Ingwer auf die Stirn und verspricht, sich um alle Sorgen des Kindes zu kümmern. Am elften oder zwölften Tag erhält das Baby seinen Namen. Bei dem Namengebungsritual wird den Kindern aus Schutz vor dem bösen Blick ein schwarzer oder roter Faden um das Fußgelenk gewickelt. Bald darauf werden auch die Haare das erste Mal geschnitten. Der erste Ausflug, die erste feste Speise, das Schneiden einer Tonsur sowie das Ohrdurchstechen sind weitere Kindheitsriten. Nach der Tradition soll das Abrasieren des Haupthaares bis auf einen kleinen Haarzipfel im ersten, dritten oder fünften Lebensjahr erfolgen. Weithin ist es aber Brauch, die Rasur am Abend vor der Initiation vorzunehmen.

Auf dem Weg zur religiösen Mündigkeit

Christentum

Kommunion – Konfirmation – Firmung

In der katholischen Kirche bedeutet Kommunion den Empfang von Brot (Hostie) und bei besonderen Gelegenheiten Wein in der heiligen Messe. Das Wort kommt vom lateinischen communio und bedeutet Gemeinschaft. Auf Wunsch wird die Kommunion auch zu Kranken und Gebrechlichen gebracht, die nicht selber zur Kirche gehen können.

Katholische Kinder feiern in Deutschland ihre heilige Erstkommunion, wenn sie etwa neun sind und das so genannte Vernunftalter erreicht haben. Als Zeichen der vollen Aufnahme in die Gemeinde haben sie ab jetzt an Brot und Wein teil. Kommunion ist auch Bezeichnung für das Brot, und man spricht davon, „die Kommunion zu empfangen". Die Kommunion ist ein sehr wichtiges Fest in Familie und Gemeinde. Es wird oft am ersten Sonntag nach Ostern, dem so genannten Weißen Sonntag, in Gemeinde und Familie begangen. Auch andere Tage, zum Beispiel Christi Himmelfahrt, sind üblich. Mädchen tragen weiße Kommunionskleider, die Jungen festliche Anzüge. In vielen Gemeinden wird auf Kleiderprunk verzichtet und die Kinder werden in gleich helle Kleider gekleidet. Die Erstkommunion wurde erst im 19. Jh. als Feier der Gemeinde mit wachsender Beteiligung der Familien zum allgemeinen Brauch. Durch Andenkengeschenke (z. B. Kommunionerinnerungsbilder) wird fortbleibende Erinnerung zwischen Kirche und Kommunikanten gestiftet.

Die Konfirmation ist in evangelischen Kirchen ein Fest zum Abschluss des Katechumenen- bzw. Konfirmandenunterrichts, in dem die getauften Jugendlichen die Grundlage des protestantischen Glaubens verstehen lernen sollen. Der Konfirmand bzw. die Konfirmandin gelten nun als religiös erwachsen, und sie erwerben alle religiösen Rechte und Pflichten in der Kirche. Die Konfirmation ist eine Bestätigung der Taufe. Das Wort stammt von dem lateinischen confirmatio („Bekräftigung, Bestärkung, Befestigung") ab. Wer konfirmiert ist, darf das Amt des Paten übernehmen. Je nach landeskirchlicher Tradition geht der Konfirmation ein ein- bis dreijähriger Unterricht voraus, der vom Pfarrer oder Eltern geleitet wird. Die Konfirmation selbst ist ein großes Familienfest, dem ein Konfirmationsgottesdienst vorausgeht.

Judentum

Beschneidung

Ein jüdischer Junge muss bis zum achten Tag nach der Geburt beschnitten sein. Die Beschneidung muss unbedingt an diesem Tag stattfinden, selbst wenn er auf einen Sabbat oder Feiertag fällt. Nur wenn ein Kind krank ist oder zu früh geboren wurde, ist eine Verschiebung erlaubt. Ein Mohel („Beschneider") durchtrennt nach einem Gebet die Vorhaut des Gliedes in Anwesenheit von zehn religionsmündigen Männern. Danach gibt er dem Jungen seinen Namen und segnet ihn. Bei der Beschneidung wird ein besonderer Segen gesprochen. Das Gebot zur Beschneidung ihrer männlichen Nachkommen ist von Juden über Jahrhunderte eingehalten worden. Auch Unbeschnittene (z. B. Bluter und solche, bei denen besondere medizinische Gründe vorliegen) gelten als Juden, wenn sie eine jüdische Mutter haben. Einander widersprechende Traditionen führen die Beschneidung auf Mose oder Abraham zurück. Ursprünglich war das Beschneidungsgebot nur eine unter vielen anderen Vorschriften. Im Laufe der Zeit erhielt es aber eine die anderen Bibelgebote überragende Bedeutung, gilt als „Bundeszeichen" zwischen Gott und seinem erwählten Volk (Gen 17,10–14). Diesen Bund der Beschneidung nennt man „Brit Milah". Als „Beschneidung des Herzens" (Dtn 10,16; Jer 4,4) wurde der Brauch vergeistigt.

Bar Mizwa – Bat Mizwa
Ähnlich ist es bei jüdischen Jungen, die im Alter von 13 Jahren ihre Bar-Mizwa-Feier haben. Die Jungen werden „Sohn der Pflicht", d. h. vollwertige Mitglieder der Gemeinde. Vorher haben sie Unterricht in Hebräisch. Bei der Bar-Mizwa-Feier müssen die Knaben einen Abschnitt aus der Tora auf Hebräisch vortragen. Am folgenden Sabbat dürfen sie in der Synagoge aus der Tora vorlesen und werden beim Minjan („Zahl") dazugezählt. Bei jeder wichtigen religiösen Handlung im Judentum müssen mindestens zehn erwachsene Männer beteiligt sein.

Jüdische Mädchen werden mit zwölf Jahren Bat Mizwa, „Tochter der Pflicht". Sie dürfen nach ihrer Feier zu Hause das Sabbatlicht anzünden und den Segen sprechen. In reformierten Gemeinden haben Mädchen eine der Bar Mizwa vergleichbare Feier in der Synagoge.

Islam

Für muslimische Jungen ist die Beschneidung ein sehr wichtiges Fest im Lebenskreis. In manchen Ländern findet die Beschneidung etwa sieben Tage nach der Geburt statt. Oft wird ein islamischer Junge aber auch im Alter von neun Jahren beschnitten, wenn er schon vorher Religionsunterricht hatte und in der Lage ist, den Koran in der arabischen Originalsprache zu lernen. Die Beschneidung wird zwei Tage gefeiert, am ersten Tag zusammen mit den Frauen, am zweiten Tag in der Gemeinschaft der Männer. Vom Alter und von der religiösen Bedeutung her kann die Beschneidungsfeier mit der heiligen Erstkommunion im römischen Katholizismus verglichen werden. Auch ein islamischer Junge gehört nach der Beschneidung zur Welt der Männer. Die Männer führen ihn durch die Stadt bis zur Moschee. Das Beschneidungsbett wird festlich geschmückt, und alle Verwandten und Freunde besuchen den Jungen und schenken ihm anschließend Süßigkeiten oder Geld.

Die Mädchenbeschneidung ist nirgendwo im Koran vorgeschrieben. Sie wird dennoch in vielen islamischen Ländern als gute Tradition bezeichnet. In neuerer Zeit wird sie zunehmend auch von islamischen Feministinnen zu Recht als Eingriff in die Persönlichkeit der Frau verurteilt. Erst 1999 wurde in Ägypten zunächst ein Gesetz gegen die Mädchenbeschneidung erlassen. Der Beschluss wurde jedoch unter dem Druck traditioneller Kreise wieder zurückgenommen.

Buddhismus

In manchen buddhistischen Ländern treten Jungen bereits im Alter zwischen zehn und zwölf Jahren für eine bestimmte Zeit in ein Kloster ein, um sich mit ihrer Religion vertraut zu machen. Ihr Kopf wird kahl geschoren, und sie erhalten als Novizen zunächst eine weiße, später orangefarbene Robe. Auch Mädchen können in das Kloster eintreten und Novizinnen werden. Manche Kinder bleiben länger oder sogar für immer im Kloster. Eine liebevolle Beschreibung des Klosterlebens und der Beweggründe der Kinder, in ein Kloster einzutreten, bietet das Buch „Der Kindermönch" von Bernhard Schmaltz. Er schildert das Leben des Knaben Sugath, der in einem kleinen Dorf auf der Insel Sri Lanka (früher Ceylon) lebt. Sein Leben wird durch den Alltag in Familie, Dorf und Schule bestimmt. Sugath arbeitet in den Reisfeldern, manchmal auch im nahen Dschungel. Das Alltagsleben ist von buddhistischen Gebräuchen durchzogen. Sugaths wichtigster Bezugspunkt zur buddhistischen Tradition ist sein Großvater. Als dieser stirbt, bleibt der Knabe für einige Zeit krank in einem Kloster zurück. Später beschließt er, Mönch zu werden. Bei der Mönchsweihe des jungen Sugath wird besonders der Übergangscharakter dieses Ritus deutlich. Sugath trägt zum Beispiel ein weißes Gewand; denn Weiß ist auch die Farbe des Todes. Mit dem Eintritt ins Kloster lässt Sugath sein altes Leben zurück und beginnt ein neues. Kopfhaar und Nägel werden ihm geschnitten zum Zeichen, dass er einen Teil seiner bisherigen Existenz hinter sich lässt. Dann spricht er die dreifache Zufluchtnahme zu Buddha, zur buddhistischen Lehre und zur buddhistischen Gemeinschaft.

Hinduismus

Für Hindu-Jungen der drei oberen Kasten gehören die Übergabe der „heiligen Schnur" sowie eines (Antilopen)fells und Wanderstocks zu den wesentlichen Elementen der Schülerweihe. Im Alter von etwa zehn Jahren gehen sie für kurze Zeit bei einem Guru in die Lehre, um die heiligen Schriften zu studieren. Das genaue Datum für die Übergabe der „heiligen Schnur" wird von einem Astrologen bestimmt. Die Schnur verbindet den Schüler symbolisch mit dem Lehrer, so wie die Nabelschnur das Baby mit seiner Mutter. Wie das Kind durch die Nabelschnur ernährt wurde, erhält der Schüler von seinem Guru geistige Nahrung. Die Schnur besteht aus einem weißen, roten und einem gelben Farben. Diese Farben stehen für die Pflichten: 1. Gott zu verehren, der den Menschen mit allem Nötigen versorgt; 2. die Eltern zu lieben und zu respektieren; 3. auf die religiösen Lehrer zu hören.

Eheschließung

Christentum

In der römisch-katholischen Kirche gilt die Ehe als ein Sakrament, das sich die Eheleute vor dem Priester und zwei Zeugen selbst spenden. Dabei sprechen sie folgende Worte: „N., ich nehme dich an als meine Frau/meinen Mann und verspreche dir die Treue in guten und bösen Tagen, in Gesundheit und Krankheit. Ich will dich lieben, achten und ehren, solange ich lebe." Dieses Versprechen wird auch durch das gegenseitige Überstreifen der Ringe symbolisiert. In evangelischer Sicht ist die Ehe kein Sakrament, da als Sakramente nur Handlungen gelten, die von Jesus gestiftet wurden, wie Taufe und Abendmahl. Die Ehe wird nach evangelischer Auffassung als Stiftung Gottes verstanden, die allen Menschen, nicht nur Christen, gilt.

Für die Eheauffassung des Judentums gilt der Satz aus der Schöpfungsgeschichte: „Es ist nicht gut, dass der Mensch allein sei; ich will ihm eine Gehilfin machen, die um ihn sei" (Gen 2,18). „Wer keine Frau hat, ist ohne Freude, ohne Segen, ohne Gutes, ohne Tora, ohne Schutzwall, ohne Frieden, ohne Leben," heißt es bei den rabbinischen Gelehrten. Jedes Brautpaar wird seit der Zeit des Talmud mit den ersten Menschen verglichen: „Lasse diesen liebenden Freunden große Freude zuteil werden, wie du einst deinem Geschöpf im Garten Eden Freude gabst. Gepriesen bist du Ewiger, der Bräutigam und Braut erfreut. Gepriesen bist du Ewiger, unser Gott, König der Welt, der erschaffen hat Freude und Jubel, Jauchzen und Singen, Bräutigam und Braut, Liebe und Eintracht, Frieden und Freundschaft ..." Jedes neue Paar wird auf diese Weise zu einem Abbild der Schöpfung. Der ehelose Mensch wird als unvollkommen betrachtet. Ein sich bewusst für Ehelosigkeit entscheidender Mensch verstößt außerdem gegen das göttliche Gebot, durch Nachkommen für den Fortbestand der Menschheit zu sorgen. Singles werden in Bibel und Talmud kaum erwähnt. Beide Partner sollen in der Ehe sexuelle Erfüllung finden, selbst dann, wenn keine Nachkommen daraus entstehen. Bei einer jüdischen Eheschließung rezitiert der Rabbiner zwei Segenssprüche über einem Glas Wein. Dann verliest er den Ehevertrag (Ketubah), in dem der Bräutigam seine Absicht kundtut, seine Frau zu ernähren, zu kleiden und für sie zu sorgen.

Im Judentum unterschreibt das Brautpaar wie im Islam vor der Eheschließung einen Vertrag (Ketubah). Darin versprechen sich die Partner gegenseitig, sich umeinander zu kümmern. Die Zeremonie der Eheschließung findet – wie im Hinduismus – unter einem Baldachin (Chuppah) statt. Vor der Hochzeitsfeier fastet das Brautpaar, um auch innerlich für die wichtige Zeremonie gerüstet zu sein. Der Bräutigam streift der Braut mit folgenden Worten einen goldenen Ring über den Finger: „Mit diesem Ring bist du für mich gesegnet nach dem Gesetz Moses und Israels." Das Brautpaar unternimmt sieben Schritte, so wie der Rabbiner sieben Hochzeitsgebete spricht. Während der Rabbiner das Paar segnet, zertritt in den meisten Gemeinden der Bräutigam ein Weinglas mit seinem Fuß. Das soll an die Zerstörung des Tempels in Jerusalem erinnern, aber auch Glück bringen.

Islam

Im Islam steht die Ehe nicht in einem besonderen religiösen Zusammenhang, sondern ist eine zivile Angelegenheit. Trotzdem gilt sie als „Zeichen" (aya) Gottes und hat eine tiefe religiöse Bedeutung. Die Ehe gilt im Koran als eine empfohlene Einrichtung, in der sich beide Partner in Liebe, Barmherzigkeit und Verständnis zugetan sein sollen. Der vorher abgeschlossene Ehevertrag, bei dessen Unterzeichnung zwei männliche oder ein männlicher und zwei weibliche Zeugen zugegen sein sollen, legt die Bedingungen fest. Ein männlicher Verwandter der Braut fungiert als Wali („Beschützer, Wohltäter"). Er ist dazu bevollmächtigt, die Rechte und Pflichten der Braut im Vertrag abzusichern. Die Frau erhält eine Morgengabe, die ihr beim Scheitern der Ehe zurückgezahlt wird.

Die Unterzeichnung des Vertrags ist eine relativ schlichte Angelegenheit. Der religiöse Aspekt der Eheschließung kommt dadurch zum Ausdruck, dass der Imam oder eine andere religiöse Autorität anwesend sind. Nach der Unterschrift führt der Geistliche die Hände des Paares zusammen. Anschließend wird gebetet, und die Anwesenden sprechen die erste Sure des Korans, die „Eröffnende". Die Hochzeit besteht aus drei Teilen: dem Unterzeichnen des Vertrags, dem Zug in das Haus des Bräutigams und einem großen Festessen.

Buddhismus

Buddhistische Mönche und Nonnen dürfen nicht heiraten. Für Laienbuddhisten dagegen ist die Hochzeit ein wichtiges Fest. Der historische Buddha hat die Verantwortlichkeit der Laienbuddhisten unterstrichen. Mit dem Leben eines Familienvaters bzw. einer Mutter sind Pflichten verbunden. Von größter Wichtigkeit ist die Vermeidung sexueller Sittenlosigkeit. „Der Gatte soll sein Weib mit Liebe und Achtung behandeln, ihr treu sein, sie allen anderen gegenüber hochhalten und es ihr auch an standesgemäßer Kleidung und Schmuck nicht fehlen lassen. Die Frau soll ihren Hausstand in Ordnung halten, Freunde und Verwandte gastfreundlich empfangen, ihrem Manne die Treue bewahren, sein Gut zusammenhalten und mit Fleiß und Eifer allen Pflichten als Hausfrau nachkommen."

Obgleich die Hochzeit keine eigentlich religiöse Angelegenheit ist, sondern eher ein Familienfest, sind meist Mönche zugegen. Sie rezitieren Abschnitte aus den heiligen Schriften. In Thailand zum Beispiel findet eine besondere Zeremonie in einer „Hochzeitshütte" statt. Der Bräutigam wird mit den Worten begrüßt: „Unsere goldene Pforte ist geöffnet. Wenn du durch sie hindurchgehst, wirst du großes Glück und großen Reichtum des Herrn Buddha finden." Der Vater der Braut sagt dann: „Heute wird mein Herz von Glück erfüllt. Durch unseren Sohn und unsere Tochter werden wir mit einer goldenen Kette zusammengefügt werden." Braut und Bräutigam werden symbolisch mit einer Blumengirlande verbunden. Die Mönche ergreifen ein mit einem Buddhabild verbundenes gelbes Band und bilden einen heiligen Kreis. Dann werden Weihwasser gesprengt und Segenssprüche gesprochen.

Hinduismus

Die Ehe ist keine Herzensangelegenheit zwischen zwei Partnern, sondern wird nach sachlichen Gründen vollzogen. Dabei spielen Kastenzugehörigkeit, Wohlstand, Ausbildungsgrad, Höhe des Einkommens, Übereinstimmung mit Kriterien körperlicher Schönheit (weiße Hautfarbe steht rangmäßig hoch über der dunklen) eine bedeutende Rolle. Wenn ein Mädchen im heiratsfähigen Alter noch unverheiratet ist, gilt dies als Makel. Die Mitgift zahlt die Familie des Mädchens dafür, dass der neuen Familie eine Frau, d. h. auch eine Arbeitskraft zugeführt wird. Es ist nicht unüblich zu versuchen, die Tochter in eine höher stehende Familie einzuheiraten. Bei der Hochzeitszeremonie sitzt das Paar unter einem Baldachin. Ihre rechten Hände sind mit einer gelben Schnur verbunden. Beide umschreiten dreimal ein kleines Feuer. Anschließend gehen sie sieben Schritte. Jeder Schritt hat eine besondere Bedeutung: Stärke, Kraft, Reichtum, Glück, Kinder, Genießen der Annehmlichkeiten und eine enge Verbindung in Freundschaft. An der Hochzeitsfeier nimmt auch ein Brahmane teil, der aus den heiligen Texten liest.

Tod

Christentum

Alle Kirchen sind sich darin einig, dass sich die Hoffnung auf ein Leben nach dem Tod auf die Auferstehung Christi gründet. Über das Weiterleben nach dem Tod und die Frage, ob die Auferstehung körperlich oder rein geistig zu verstehen sei, gibt es unterschiedliche Vorstellungen. Wenn man mit Kindern über diese Frage sprechen will, erscheint es mir legitim, das eigene Nichtwissen zuzugeben. Meiner jüngsten Tochter habe ich auf diese Frage dahingehend geantwortet, dass das Besondere, das wir an einem Lebewesen geliebt haben, auch irgendwie weiter existiert, dass wir aber nicht genau wissen, wie dieses zukünftige Leben aussieht.

Judentum

Das Judentum ist sowohl eine diesseits- als auch jenseitsbezogene Religion: „Eine Stunde Reue und gute Taten in dieser Welt ist besser als das ganze Leben im Jenseits. Aber noch besser ist eine Stunde der geistlichen Wonne im Jenseits als das gesamte Leben in dieser Welt.“ Die jüdischen Weisen bewerteten den Tod positiv; denn die Erde könnte nur eine bestimmte Anzahl von Bewohnern ertragen. Außerdem sporne der Gedanke an den Tod zum tätigen Leben an. Selbstmord gilt im Judentum als verpönt – mit Ausnahme des Märtyrerfreitodes. Der Körper, einst Gefäß des göttlichen Geistes, verdient Ehrung. Darum soll er in seiner Ganzheit beerdigt werden. Das Judentum kennt die Vorstellung der Auferstehung nach dem Tode, auch den Gedanken einer Unsterblichkeit der Seele. Nach der ursprünglichen Auferstehungslehre stirbt die Seele mit dem Körper. Im messianischen Zeitalter wird sie mit dem Körper wiedervereint, wenn dieser aus dem Grab erweckt wird. Nach der Lehre der Unsterblichkeit der Seele besteht diese nach dem Tod des Körpers im Himmel bis zum Tag der Auferstehung weiter. Orthodoxe Juden akzeptieren bis heute beide Vorstellungen nebeneinander. Das Reformjudentum lehrt den Gedanken der Unsterblichkeit der Seele: „Es gibt weder Körper noch körperhafte Formen im Jenseits, sondern nur die körperlosen Seelen der Rechtschaffenen zusammen mit den Engeln" (Maimonides). Einige moderne jüdische Denker akzeptieren die Auferstehungslehre in modifizierter Form: Das, was aufersteht, ist die ganze Persönlichkeit des Menschen. Von einer körperlichen Auferstehung ist jedoch nicht die Rede. Die rabbinische Literatur beschreibt das Jenseits als „Freude des Sabbats" und „Freude des Tora-Studiums". Das Jenseits ist ein „Tag, der ganz Sabbat ist", eine „himmlische Akademie", in der Gott selbst den Rechtschaffenen die Tora lehrt. Schlichtere Gläubige ziehen farbig-konkrete Jenseitsbeschreibungen vor. Von Balsamflüssen, Marmorhallen und festlichen Gelagen ist zu lesen. Das liberale Judentum gestattet Einäscherung, das orthodoxe führt Argumente dagegen an.

Es ist die Pflicht der nächsten Generation, für ältere Menschen bis zu ihrem Tod zu sorgen, ihnen Fürsorge entgegenzubringen und nicht aus der Gesellschaft abzuschieben. Die auf jüdischen Gräbern angehäuften kleinen Steine sollen auch dazu dienen, die Seele bis zum Tag der Auferstehung zu beschweren.

Eine Beerdigungsbruderschaft übernimmt die Bestattung des Toten, die sehr schnell erfolgen soll (nicht später als nach drei Tagen). Freunde waschen den Leichnam, kleiden ihn in ein Leinengewand und tragen ihn in einem Sarg aus Holz zu seiner letzten Ruhestätte.

Für Muslime ist das irdische Leben ein vorübergehendes Geschenk Gottes. Der Tod ist nichts Negatives. Er resultiert nicht – wie im Christentum – aus der Sünde. Wie das Leben, so ist auch der Tod von Gott „geschaffen", um die Menschen zu prüfen. Der Tod wird als Eingehen in die Obhut Gottes verstanden. Sünde wäre es, an Gottes Barmherzigkeit zu zweifeln, da dies letztlich ein Zweifel an Gott selbst wäre. Nach Ansicht des bedeutenden Theologen al-Ghazali (gest. 1111) unterbricht der Tod zunächst den Zusammenhang zwischen Körper und Geist. Er wird als ein Übergehen vom „Haus der Vergänglichkeit" in das „Haus der Beständigkeit" gesehen. Allah lässt den Menschen sterben, erweckt ihn aber zu neuem herrlicheren Leben. Dazu bedarf er keinen Mittler. Unmittelbar nach dem Tod, bereits im Grab, setzt die Verklärung der Frommen und die Bestrafung der Sünder ein. Aber obwohl Gott auch der Richtende ist, hat er sich zur Barmherzigkeit verpflichtet. Den gläubigen Muslim erwartet der „Garten der Ewigkeit", das Paradies mit seinem höchsten Lohn: der „Schau Gottes". In den meisten islamischen Ländern ist eine praktische Einstellung zum Tod zu beobachten. Darin äußern sich zwar verhaltene Verzweiflung, aber auch stille Ergebenheit und Zuversicht auf ein besseres Geschick. Trauerbräuche tragen dazu bei, den Kummer nicht zu verdrängen oder zu verinnerlichen. Die Praxis der Klageweiber ist ein wichtiges Ventil für den Umgang mit den angestauten Gefühlen. Übertriebenes Beklagen des Todes gilt jedoch als verwerflich. Es entspricht nicht dem Ernst und der Feierlichkeit, die den Übergang zum anderen Leben begleiten sollen. Die Leiche wird in zwei bis drei Tücher eingehüllt und in einem schlichten Holzkasten oder auf einer Bahre zum Friedhof getragen. Unterwegs soll der Leichenzug an einer Moschee Halt machen. Dort hält ein Imam ein Gebet. Koranlesungen begleiten den Zug über die Moschee bis zum Grabplatz, wo der Leichnam, oft das Haupt nach Mekka gerichtet, in der Erde versenkt wird. Alle Gräber sollen gleich einfach sein. Auch die Grabsteine sind nicht besonders geschmückt. Die unmittelbare Trauerzeit soll drei Tage nicht überschreiten. Aber in den folgenden 40 Tagen werden Koranlesungen und Armenspeisungen in der Moschee veranstaltet.

Buddhismus

Für Buddha bestand die Welt aus Leiden. Schmerz, Alter, Krankheit und Tod mit ihren psychischen Begleiterscheinungen wie Angst, Einsamkeit und Traurigkeit sind Symptome dieser „generellen und existenziellen" Unheilssituation Leiden. Gemeint ist mit Leiden daher kein nur physischer oder psychischer Schmerz, sondern Tanha, der „Durst", die Lebensgier. Das Ziel des Menschen besteht darin, durch Überwindung des Geburtenkreislaufes das Nirwana zu erreichen. In nur einem Leben ist das nicht möglich. Der Einzelne wird mehrmals wiedergeboren, bevor er Erlösung findet. Der Tod wird modern mit dem Zerbrechen einer Glühbirne verglichen: Das Licht ist verloschen, nicht aber die Elektrizität. Wenn man eine neue Birne einsetzt, ist wieder Licht vorhanden. Entsprechend gibt es eine Kontinuität des Lebensstroms. Die Zerstörung des gegenwärtigen Körpers löscht nicht den Strom der Karma-„Energie" aus, der sich dann in einem ihm gemäßen neuen Körper manifestiert. Nichts bleibt dem Zufall überlassen. Die Art und Weise, wie der Einzelne sein Leben geführt hat, die Qualität seiner Gedanken, die Beschaffenheit der Taten, die stark genug sind, ein wieder verbindendes Bewusstsein ähnlicher Art zu bedingen, schaffen die neue Existenz. Im Mahayana-Buddhismus spielt die Bodhisattva-Vorstellung eine wichtige Rolle. In ihrem Zentrum steht der „Nutzen für andere". Amida-Buddhisten glauben an das Reine Land im Westen, wo Buddha Amitabha (jap. Amida) herrscht. Viele Amida-Fromme haben eine persönliche Beziehung zu ihrem Buddha, bei dem sie Hilfe und Rettung nicht nur für das Erdenleben, sondern auch in der Todesstunde für die „Hinübergeburt" in das Reine Land suchen. Im Zen-Buddhismus wird die Umkehr, um zum wahren Selbst zu gelangen, der „große Tod" genannt. Nur durch ihn kann der Mensch in das wahre Leben eingehen.

Buddhistische Beerdigungsbräuche variieren von Tradition zu Tradition, von Land zu Land. In Thailand werden Tote in das Kloster gebracht, wo sie eine symbolische Waschung erhalten. Ein Horoskop ermittelt einen günstigen Termin für die Verbrennung. Dann wird die Urne mit der Asche im Kloster eingemauert und der Rest ins Meer gestreut. In Tibet wird der Leichnam in weiße Tücher gehüllt und zu einem erhöhten Ort gebracht, zerteilt, so dass ihn die Raubvögel verzehren können. Dahinter steht die Vorstellung, dass von dem Körper, der keine Seele hat, jede Spur verschwindet.

Hinduismus

Im Hinduismus kreisen bereits die Gesänge der Veden um das Thema Leben und Sterben. In der alten Zeit herrschte die Erdbestattung vor. In der indogermanischen Religion weilte der Tote im Grabhaus, das als Familiengrab gedacht ist. In der unterirdischen „Väterwelt" lebte er weiter. In der Mitte des zweiten Jahrtausends wandelte sich der Totenglaube: Das Jenseits wurde in den Himmel verlegt. Dort, wo der Totengott Yama herrscht, sind die Väter versammelt. Mit der Feuerbestattung tritt eine Vergeistigung der Vorstellung vom Weiterleben ein. Während beim Tod der Leib zerfällt – das Auge zum Beispiel zur Sonne geht, der Atem in den Wind und die Gliedmaßen in die Pflanzen – wird durch die Verbrennung ein neuer Geistleib geschaffen, mit dem der Tote im Kreis der Ahnen weiterlebt. Durch seine Schöpferkraft wird das Feuer zu Gott Agni, der zu den wichtigsten Göttern zählt. Noch für heutige Hindus ist Agni ein Symbol dafür, was „über den Tod und allen Wechsel bestehen bleibt." In den Brahmana-Texten (nach 800 v. Chr.) taucht erstmals die Idee eines Gerichtes nach dem Tode auf. Gerechte und Ungerechte werden durch eine Waage voneinander geschieden. Die seligen Toten leben mit Yama zusammen und werden als Väter, d. h. Ahnengeister, verehrt. Wer keine Kinder hinterlässt, dem bleibt „die Welt der Väter verschlossen". Bis heute kann nur ein Sohn die Totenbräuche für die verstorbenen Eltern ausüben. Die Erlösten begeben sich nach dem Tod auf den „Götterweg". Dieser Weg führt durch das Feuer, das sie läutert, und sie kehren nicht in das Dasein zurück. Dieser Weg ist den Auserwählten vorbehalten, die auf die Ewigkeit des Atman („Selbst") vertrauen. Die einfachen Anhänger des Opferkultes folgen dem „Weg der Väter". Sie gelangen durch Rauch, Äther und Wind wieder zurück zur Erde und werden als Menschen wiedergeboten. Eine dritte Gruppe von Menschen kennt keinen dieser Wege. Sie verharren in Unwissenheit und werden als Tiere wiedergeboren. In den Upanishaden erscheint zum ersten Mal die Vorstellung, dass das Leben kein Endpunkt ist: Der Tod betrifft nur den Körper, während der Atman weiterlebt. Wer die Erkenntnis von der Einheit von Atman und Brahman gewinnt, hat das Heil erlangt, ihm ist Erlösung (Moksha) gewiss.

Heute ist allgemein Feuerbestattung üblich. Der Leichnam wird gewaschen, in Tücher gehüllt oder in einen Sarg gelegt und von den männlichen Verwandten zum Verbrennungsplatz getragen. Kein Fremder darf bei der Zeremonie anwesend sein. Die Priester singen: „Für den, der geboren ist, ist der Tod sicher, für den der stirbt, ist die Geburt sicher." Der nächste männliche Angehörige muss den Scheiterhaufen anzünden. Dann zerschlägt der Priester den Schädel, damit die Seele entweichen kann. Die Asche wird in einen der heiligen Flüsse gestreut. Dabei kann jeder Fluss die Rolle des heiligsten aller Flüsse, der Mutter Ganga, übernehmen. Von dort ist der Aufstieg der Toten zum Himmel möglich.

Weiterführende Literatur:

Axel Michaels, Der Hinduismus. Geschichte und Gegenwart, München 1998

Hans-Jürgen Greschat, Die Religion der Buddhisten, München 1980

Peter Schreiner, Im Mondschein öffnet sich der Lotus, Düsseldorf 1996

Michael Klöcker/Monika Tworuschka/Udo Tworuschka, Wörterbuch Ethik der Religionen, Gütersloh 2. Aufl. 1996

7. Heilige Schriften

Früher ermahnte mich meine Mutter öfter, vor dem Anfassen und Lesen eines Buches die Hände zu waschen. Bücher galten bei uns als etwas Wertvolles, mit dem man sorgsam umzugehen hatte. Fast immer wurden sie mit Schutzumschlägen versehen. Heute erlebe ich bei meinen Kindern und mir selbst, dass wir Bücher oft gedankenlos und unsorgfältig behandeln. Das ungeliebte Schulbuch wird in die Ecke geworfen. Nicht nur Comics weisen Knicke und Flecken auf, auch „wertvollere" Bücher werden nachlässig behandelt. Und der Vorsatz, beim Essen nicht zu lesen, wird nicht immer eingehalten. Vielleicht liegt es daran, dass die meisten Kinder und Jugendlichen zu viele Bücher besitzen, so dass das einzelne Exemplar nicht genügend Beachtung findet. Bücher lassen sich heute viel leichter ersetzen als früher. Doch es gibt auch heute noch Kinder, die ihre Bücher schätzen und entsprechend sorgsam mit ihnen umgehen. Bestimmte Lieblingsbücher werden zwar oft gelesen, aber doch mit mehr Sorgfalt als die anderen behandelt. Manche Familien besitzen Bücher, die von Generation zu Generation vererbt wurden, daher eine ganz besondere Achtung genießen, zum Beispiel eine Familienbibel. In solche Prachtexemplare werden wichtige familiäre Ereignisse, zum Beispiel Geburt, Heirat und Sterbefälle, eingetragen.

Viele Religionen haben besondere Bücher, so genannte Heilige Schriften, die von den Gläubigen sehr verehrt werden. Auch wenn alle großen Religionen heilige Bücher besitzen, ist ihre Bedeutung keineswegs gleich.

Christentum

Die Heilige Schrift des Christentums ist die Bibel. Das Wort stammt von dem griechischen Wort biblia (Plural von biblion: „Buchrolle, Schrift, Brief, Dokument") ab. Sie ist ein wichtiges Glaubenszeugnis und ein bedeutendes literarisches Werk mit großem Einfluss auf das religiöse Leben, die Kultur- und Geistesgeschichte des Christentums. Die Hemmschwelle vieler

Menschen vor der Bibel ist hoch. Sie trauen sich kaum, die Bibel zu lesen, weil ihnen die biblische Sprache fremd ist und weil sie durch den großen Umfang abgeschreckt werden. Oft geht das auch Kindern so. Doch der Buchmarkt hält sehr schön gestaltete Kinderbibeln bereit, die das Verstehen erleichtern.

Die Bibel ist kein einzelnes Buch, sondern eine ganze Bibliothek. Die Bibel besteht aus dem (von Christen so genannten) „Alten Testament" (auch „Erstes Testament" genannt) und dem „Neuen Testament" („Zweites Testament"). Das lateinische Wort Testament bedeutet Bund. Gemeint ist der Bund zwischen Gott und den Menschen. Das Alte Testament der Christen ist auch die Bibel der Juden. Sie nimmt ungefähr drei Viertel der gesamten Bibel ein. Das Alte Testament bzw. die „Hebräische Bibel" ist eng mit der Geschichte Israels verbunden. Die einzelnen Schriften sind entstanden, nachdem vorher viele Jahrhunderte lang überlieferte Erzählungen, Gebete, Lieder und Sagen im Umlauf waren. Sie wurden schließlich gesammelt, überarbeitet, aufgeschrieben und zu den Schriften zusammengefügt, die wir heute das Alte Testament nennen. Die Geschichten der Hebräischen Bibel beschreiben das Handeln Gottes in den verschiedenen Situationen des menschlichen Lebens. Es handelt sich um Glaubenserfahrungen, die die Menschen zu verschiedenen Zeiten mit Gott machten. Diese wurden in der Sprache der damaligen Zeit dargestellt, so wie man sich damals die Welt vorstellte.

Das Neue Testament ist die wichtigste Quelle für das Leben Jesu und der ersten Christen. Am Anfang des Neuen Testaments stehen die vier Evangelien, verfasst von den Evangelisten Matthäus, Markus, Lukas und Johannes. Auf die Apostelgeschichte des Lukas, in welcher der Evangelist von den Taten der ersten Christen berichtet, folgen die Briefe vor allem des Paulus. Dieser bedeutende Apostel hat durch seine großen Missionsreisen und Gemeindegründungen in der heutigen Türkei und Griechenland viel für die Verbreitung des Christentums geleistet.

Die Entstehungszeit der Bibel erstreckt sich über einen sehr langen Zeitraum, in dem die anerkannten Schriften von anderen Schriften ähnlichen Inhalts gesondert wurden. Um 400 nach Chr. war dieser Prozess abgeschlossen. Ungefähr 1200 n. Chr. wurden die Schriften der Bibel in Kapitel eingeteilt. Im 16. Jahrhundert kam die Einteilung in Verse dazu.

Judentum

Das heilige Buch der Juden ist die „Hebräische Bibel", auch Tenach genannt. Das Hebräische gilt als heilige Sprache. Tenach ist ein Kunstwort, das aus den ersten Buchstaben der drei Worte Tora, Newiim, Ketuwim besteht. Die hebräische Bibel entspricht in etwa dem christlichen „Alten Testament". Der erste Teil, die Tora („Lehre"), enthält die fünf Bücher Mose. Der zweite Teil, Newiim („Propheten"), setzt sich aus den prophetischen Büchern Josua, Richter, Samuel, Könige (frühere Propheten), Jesaja, Jeremia, Ezechiel (spätere Propheten) sowie den zwölf kleineren Propheten zusammen. Zum dritten Teil, den Ketuwim („Schriften"), zählen die Psalmen, die Bücher Ruth, Esther, Hiob, das Hohe Lied und die Klagelieder.

Umgang mit der hebräischen Bibel

Eine Torarolle soll „mit schöner Tinte, mit schöner Feder, durch einen geübten Schreiber" hergestellt, anschließend „in schöne Seidengewänder" gehüllt werden. Die Torarolle enthält ein auf zwei Stäben aufgerolltes Pergament. Torarollen sind mit Toramantel, -schild und -krone festlich geschmückt. Die Krone soll Sinnbild für den „königlichen" Rang der Lehre sein. Zum Toraschmuck zählt der Torawimpel, ein schmales Band, das zur Befestigung um die Rolle gewunden wird. Die aus getriebenem Silber gefertigten, zum Teil vergoldeten Schilder, werden bei den verschiedenen Festen gewechselt. Die Rollen befinden sich im Toraschrein, dem heiligsten Teil der Synagoge. Vor dem meist in eine Nische am östlichen Teil der Synagoge eingebauten Schrein befindet sich ein künstlerisch verzierter Vorhang und ein „ewiges Licht". Wenn die Tora im Gottesdienst der Synagoge vorgelesen wird, verwendet man einen Torazeiger aus Metall, Holz oder Elfenbein, um das Pergament nicht zu berühren. Ein Bar Mizwa darf erstmalig die Torarollen tragen. Die Tora wird zu Beginn des Gottesdienstes aus dem Toraschrein „ausgehoben" und auf die Bimah gelegt, die sich üblicherweise in der Synagogenmitte befindet, ein wenig höher als das Gebetspult. Dabei erheben sich die Gottesdienstbesucher von ihren Plätzen. Der Vorbeter öffnet die Rolle, breitet sie aus, hebt sie hoch, damit sie von der Gemeinde gesehen werden kann. Zur Lesung der Tora wird man nach einer bestimmten Reihenfolge aufgerufen. Die Tora wird in singender Weise kunstvoll rezitiert. Vor allem in orthodoxen Kreisen ist es üblich, die Tora verehrungsvoll zu küssen.

Die Bedeutung des Schriftwortes im jüdischen Alltagsleben kommt durch den Brauch der Mesusa zum Ausdruck: An jüdischen Haus- oder Wohnungstüren sowie am rechten Pfosten jedes Zimmers ist ein kleiner Behälter mit winzigen Pergamentrollen angebracht, die folgende Textabschnitten enthalten: Dtn 6,4–9; 11,13–21. Die Verse enthalten den größten Teil des Sch'ma-Israel-Gebets. Niemals befindet sich die Mesusa vor Badezimmer und WC. Wer heimkommt oder das Haus verlässt, berührt die Mesusa mit der Hand, küsst sie sogar. Für viele Juden ist sie eine Art Talisman und wird als kleiner silberner Anhänger an Halskette oder Armband getragen. Die große Bedeutung der Heiligen Schrift wird an dem „Fest der Gesetzesfreude" (Simchat Tora) deutlich. Wie wichtig die Schriftrollen sind, zeigt die Genisa-Praxis. Unter Genisa („Haus des Verstecks", der „Aufbewahrung") versteht man einen „Begräbnisort", an dem alte, verbrauchte und rituell unbenutzbare Rollen bzw. anderes Kultgerät aufgehoben wurden. Viele Gemeinden und Synagogen besaßen solche Räumlichkeiten, in denen Schriftrollen, Gebetbücher, andere Kultgegenstände und schließlich allgemein auf Hebräisch geschriebene Texte so lange aufbewahrt wurden, bis man sie rituell auf dem jüdischen Friedhof bestattete. Der orthodox-jüdische Brauch untersagt es, Schriften mit den Buchstaben des (heiligen) Namen Gottes zu vernichten.

Die Heilige Schrift der Moslems ist der Koran. Der arabische Name Qur an stammt von dem Verb qaraa („lesen, vortragen"). Für Muslime ist der Koran Urkunde der göttlichen Offenbarung sowie Hauptquelle und Maßstab des rechten Glaubens und Handelns. Der Koran enthält die Botschaft, die Mohammed im Laufe seines prophetischen Wirkens zwischen 610 und 632 verkündete. Diese Botschaft erhielt er nach eigenen Angaben auf dem Berg Hira, wo ihm der Engel Gabriel als Bote Gottes erschien und den Auftrag gab, die göttlichen Offenbarungen zu verkünden. Die im Koran gesammelten Predigten Mohammeds enthalten Preisungen von Gottes wunderbarer Schöpfung, Erzählungen über frühere Propheten und Verhaltensregeln für die Gläubigen: Familienrecht, Schlichten von Konflikten, politisches Zusammenleben, Sicherung des Wirtschaftlebens, Verhalten gegenüber Nichtmuslimen und Strafrecht. Anders als die Evangelien, die zusammenhängend über das Leben Jesu berichten, beschreibt der Koran nicht die Vita Mohammeds. Allerdings nehmen einige Verse auf besondere Umstände seines Lebens Bezug.

Der Koran wurde nicht auf einmal, sondern vom Jahr 610 an 23 Jahre lang zunächst in Mekka, dann in Medina (ca. zehneinhalb Jahre) entsprechend den jeweiligen Notwendigkeiten und Offenbarungsanlässen offenbart. Der Koran besteht aus 114 Suren (Abschnitte), die sich aus einzelnen ayas (Versen) zusammensetzen. Das arabische Wort bedeutet Wunderzeichen Gottes. Die Namen der Suren beschreiben entweder ihren Standort – die erste Sure gilt als al-Fatiha („die Eröffnende") – oder sie enthalten den Namen der Hauptperson, von der berichtet wird (Josef, Noah, Maria). Manche Suren werden auch nach einem eindrucksvollen Wort benannt: „das Licht", „der Donner". Die Suren in der heute verbindlichen Endfassung des Korans sind nicht chronologisch, sondern weitgehend nach dem Prinzip der fallenden Länge geordnet. Es gibt Ausnahmen: Am bekanntesten ist die erste Sure mit nur sieben Versen. Die zweite und längste Sure hat 286, die kürzeste,

Sure 108, drei Verse. Die kürzeren Suren stammen vorwiegend aus mekkanischer Zeit, die längeren aus Medina.

Nach dem Tod Mohammeds waren verschiedene schriftliche und mündliche Berichte im Umlauf, welche von den Gläubigen gesammelt wurden. Die bis heute weitgehend anerkannte Fassung des Korans wurde während der Regierungszeit des dritten Kalifen Uthman (644–656) erstellt. Dennoch muss man davon ausgehen, dass weiterhin Varianten und nichtkanonische Versionen des Korans existierten.

Die Bedeutung des Korans übersteigt für die meisten Muslime den Stellenwert der Bibel im Christentum. Da der Koran als unverfälschtes Wort Gottes gilt, lehnt die Mehrheit der Muslime eine historisch-kritische Analyse des Korantextes ab. Manche Muslime ziehen es vor, die Bedeutung des Korans mit der Jesu zu vergleichen; denn im Islam stehe ein Buch, im Christentum dagegen eine Person im Glaubensmittelpunkt. In der „Heiligen Nacht der Macht" feiern die Muslime die Offenbarung des Korans als Heilsereignis. Man kann diese Nacht mit der christlichen Weihnacht vergleichen, bei der Gott Mensch wurde.

Neben dem Koran spielt die Sunna des islamischen Propheten eine wichtige Rolle. Sunna bedeutet von verschiedenen Gelehrten später zusammengestellte Berichte über das, was Mohammed in bestimmten Situationen gesagt oder getan hat. Einen solchen Bericht nennt man Hadith. Ein Hadith besteht aus zwei Teilen: der Kette von Gewährsmännern und dem eigentlichen Bericht.

Umgang mit dem Koran

Die besondere Bedeutung des Korans hängt für Muslime mit seinem göttlichen Ursprung zusammen. Muslime sind davon überzeugt, dass der Koran schon vor der Erschaffung der Welt bei Gott war und dort auf einer wohl verwahrten Tafel aufgehoben wurde. In der Lailat al-Qadr („Nacht der Macht"), der heiligen Nacht des Islams, hat Gott sein Buch den Menschen zur Rechtleitung herabgesandt. Damals sprach Gott durch seinen Engel Gabriel zu Mohammed. Für Muslime ist es eine Tatsache, dass Mohammed weder lesen noch schreiben konnte und dass dieser Sachverhalt die Echtheit seiner Offenbarung bestätigt.

Die Einmaligkeit des Korans kommt auch in seiner Sprache zum Ausdruck. Da der Koran auf Arabisch zu den Menschen herabgesandt wurde, erhält diese Sprache eine besondere Weihe, gilt für den Muslim als heilig, erhaben und geheimnisvoll zugleich.

Die Wirkung koranischer Texte auf die Gläubigen wird durch gemeinsame Gebete und Rezitationen verstärkt. Ähnlich wie anschaulich predigende christliche Geistliche oder eindrucksvoll singende jüdische Kantoren die Zuhörer in ihren Bann ziehen, lösen engagiert vorgetragene Koransuren bei Muslimen Ergriffenheit und feierliche Gefühle aus. Wegen der Heiligkeit der Sprache hat sich die arabische Schönschreibkunst, die Kalligraphie, zu einer eigenen, besonderen Kunst entwickelt. Muslime behandeln den Koran mit großer Ehrfurcht. Um das heilige Buch zu lesen, legt man es auf einen Koranständer.

Angesichts der Heiligkeit der arabischen Sprache bestand lange Zeit große Scheu und Zurückhaltung gegenüber Übersetzungen. Mittlerweise gibt es Übersetzungen des Korans in fast alle Sprachen der Welt. Diese können aber das arabische Original nicht ersetzen. Daher lernen muslimische Kinder in der Koranschule, den Koran auf Arabisch zu lesen und vorzutragen. Es gibt Muslime, die den ganzen Koran auswendig können und darauf sehr stolz sind. Sie werden Hafiz („Bewahrer") genannt. Nirgendwo sonst kommt ein Muslim dem einen Gott so nahe wie beim Rezitieren des Korans. Der Hafiz nimmt den Koran auf geradezu sakramentale Weise in sein Herz, Gemüt und seinen Verstand auf. Er wird eins mit dem Wort, eins mit seinem Klang und Rhythmus. Es ist daher gut möglich, dass muslimische Kinder scheuen, den Koran im Original in die Schule oder den Kindergarten mitzubringen. Denn sie selbst oder ihre Eltern haben Angst, dass man ihrem heiligen Buch nicht genügend Respekt entgegenbringt. Viele biblische Personen, Motive und Gedanken haben Parallelen im Koran.

Der Buddhismus kennt mehrere heilige Schriften. Die wichtigste ist der Tripitaka („Dreikorb"), der in Pali, einem vom altindischen Sanskrit abgeleiteten Dialekt, geschrieben ist. Dreikorb wird er genannt, weil die auf Palmblättern geschriebenen Texte ursprünglich in „drei" (tri) „Körben" (pitaka) gesammelt wurden. Der Vinayapitaka ist der „Korb der Ordensdisziplin", der Suttapitaka der „Korb der Lehrreden" Buddhas und der Abhidhammapitaka der „Korb der besonderen Lehre". Nach buddhistischer Ansicht ist der Palikanon „Wort Buddhas". Buddhas Lehre gilt als unermesslich, weil er der „Erwachte" und „Vollendete" ist.

Wichtig für das Heranwachsen buddhistischer Kinder sind die so genannten Jatakas. Diese „Geburtsgeschichten" handeln von früheren Leben des Buddha, seiner Anhänger und Widersacher. Die insgesamt 547 Geschichten demonstrieren die Auswirkungen des Karma-Gesetzes von Ursache und Wirkung. Die oft von Buddha selbst vorgetragenen Erzählungen stellen ihn in verschiedenen Daseinsformen vor, als Prinz, Gottheit, Löwe, Hirsch u. a. In einer Jataka wirft Buddha sich selbst einer Tigerin und ihren verhungernden Jungen zum Fraß vor.

Bei den viermal im Monat an den Voll-, Halb- und Neumondtagen stattfindenden Poyafeiern, an denen die Laien die Klöster aufsuchen, werden die heiligen Schriften rezitiert. Jedes Kloster hat eine Dharma-Halle, eine „Halle der Lehre". Bei der Feier sprechen die Gläubigen gemeinsam mit den Mönchen die ihnen aus ihren Kindertagen bekannten Verse: die „Dreifache Zufluchtnahme", die „Acht Gelübde", die „Anrufung von Buddha, Dhamma und Sangha". In den Ländern des südlichen Theravada-Buddhismus spielt die Rezitation der Sutten, der „Lehrreden" des Buddha, eine besondere Rolle. Die in den alten Sprachen Pali, Sanskrit bzw. Tibetisch gesungenen Texte entfalten eine suggestive Wirkung, übertragen die meditative Ruhe der Mönche und Nonnen auf die Laien. Im südlichen Buddhismus ist das Rezitieren der Parittas beliebt. Dies sind „Schutz"-sprüche. Parittas können sich auch auf besondere Gefahren richten, z. B. Tod durch Schlangenbiss, auf Abwehr wilder Tiere, auf exorzistische Praktiken, Krankenheilungen. Parittas zu rezitieren oder anzuhören beruhigt das Bewusstsein, führt auch zur Verbesserung der Verdienste. Es soll die Auswirkungen vergangenen Karmas beschleunigen, so dass sich einige seiner positiven Wirkungen ergeben. Der unablässige, stets im gleichen Rhythmus vorgetragene Chorgesang wirkt auch in die Welt der Götter hinein, erfreut sie, so dass sie mit ihrer Macht und Kraft den Menschen helfen. Wenn Mönche die Verse rezitieren, ist die Wirkung stärker als von Laien. Sutten werden gesungen, wenn die Mönche ihre Almosen sammeln, oder wenn wichtige Einschnitte im Tagesablauf stattfinden.

Im Zen-Buddhismus gibt es das „Fest der leibhaften Umwälzung der Bücher". Die geistige Lehre Buddhas, die in hunderten Bänden vorliegt und daher nicht in einer Kultveranstaltung von den Mönchen rezitiert werden kann, wird durch „leibhafte Bewegung" magisch repräsentiert. Die dahinter sich verbergende Vorstellung ist die, dass durch „die leibliche zieharmonikaartige Entfaltung und Zusammenfaltung der Bücher ihr geistiger Gehalt in der Tat in Bewegung gesetzt wird" (Ernst Benz).

Hinduismus

Der Hinduismus kennt mehrere heilige Bücher. Das älteste dieser heiligen Bücher ist der Rigveda, das vor ungefähr 3000 Jahren geschrieben wurde. Auch wenn der Veda für die Brahmanen bzw. für Hindus, die in einer von Brahmanen dominierten Gegend leben, von hoher Bedeutung ist, so ist die Berufung auf diese heilige Schrift für viele Hindus oft nicht viel mehr als ein bloßes Lippenbekenntnis. Eine Reihe von religiösen Funktionären beschäftigen sich professionell mit heiligen Schriften: Brahmanen, Vertreter des obersten Standes in der Varna-Ordnung, sind die Bewahrer der Tradition. Sie lernen die vedischen Texte und rezitieren sie. Wenn sie zugleich Priester sind, führen sie die Opfer aus. Der brahmanische Titel Acarya weist den Betreffenden als Veda-Lehrer und geistigen

Führer aus. Pandits sind Gelehrte und Gebildete, „im Idealfall vedakundige Brahmanen, die die Grundsätze und Prinzipien der vedischen Religiosität und Lebensführung so vollständig verkörpern, dass ihre Auskunft und ihr Verhalten als Entscheidungshilfe und Vorbild in jenen Fällen angesehen werden können, die von der Überlieferung nicht vorgesehen waren. Im mehr weltlichen Sinne beruht die Autorität der Gebildeten und Gelehrten auf der gründlichen Kenntnis eines wohl umgrenzten Wissensbereiches, einer gelehrten Tradition" (Peter Schreiner). Große Bedeutung für die getreue Überlieferung der Schriften haben die Gurus („gewichtig, ehrwürdig"), die schon in mehreren Upanishaden erwähnt wird.

Besonders beliebt bei Jung und Alt sind vor allem zwei heilige Schriften: Das Ramayana erzählt die Geschichte von Rama. Ein anderes Epos, das Mahabharata, enthält die populäre und weit gelesenene Bhagavadgita, in der von Krishna berichtet wird. Rama und Krishna sind Menschwerdungen des Gottes Vishnu. Immer wenn es auf der Welt ungerecht zugeht, steigt Vishnu in Gestalt eines Menschen, aber auch in Tiergestalt und als Mischwesen, zur Erde. Dort stellt er die Gerechtigkeit wieder her. Viele Kinder wollen so sein wie Rama und Krishna, die als Helden gelten und glühend verehrt werden. Die Geschichten des Ramayana und der Bhagavadgita werden in Indien immer wieder erzählt. Es gibt Theateraufführungen, Filme, Hörspiele, Fernsehserien und Comics von diesen beliebten heiligen Büchern.

Weiterführende Literatur:

Johann-Dietrich Thyen, Bibel und Koran. Eine Synopse gemeinsamer Überlieferungen, 3. Aufl. Mit einem Vorwort von Olaf Schumann, Köln-Weimar-Wien 2000

Monika und Udo Tworuschka, Der Koran und seine umstrittenen Texte, Düsseldorf 2001

Udo Tworuschka (Hg.), Heilige Schriften. Eine Einführung, Darmstadt 2000

8. Heilige Zeiten

Religiöses Handeln findet zu bestimmten „heiligen Zeiten" statt. Für den religiösen Menschen sind sie qualitativ von profaner („normaler") Zeit unterschieden; denn sie stehen mit der Welt des Heiligen in besonders enger Beziehung. Der gewöhnliche Mensch empfindet den qualitativen Unterschied nicht; und wenn, dann sozusagen nur von außen, wenn er die regelmäßig wiederkehrenden religiösen Veranstaltungen gläubiger Mitbürger beobachtet, zum Beispiel eine Fronleichnamsprozession. Für den Frommen ist das anders: Er weiß um die besondere Qualität heiliger Zeit. Sie ist geweihte, aus der Profanität ausgesonderte Zeit: die Advents- oder die österliche Fastenzeit im Christentum; der islamische Fastenmonat Ramadan, der Sabbat der Juden, die Uposatha-Tage im Buddhismus.

Eine besondere Form heiliger Zeit ist die Zeit des Mythos: in illo tempore („in jener Zeit, im Anfang, damals"). Gemeint ist die Zeit vor aller Zeit, als es noch gar keine Zeit gab. Für das mythische Bewusstsein ist die Zeit eingesetzt, also „gestiftet". Vorher gab es nur die Nicht-Zeit. Hindus nennen sie a-kala („Nicht-Zeit"), andere Religionen sprechen von Ewigkeit, um den Gegensatz zur Zeit im Sinne einer Anfangs- bzw. Endlosigkeit auszudrücken. Einige Mythen, zum Beispiel die alttestamentliche Schöpfungserzählung, beginnen mit den stereotypen Worten: „Im Anfang ..." Sie meinen keinen zeitlich fixierbaren Anfangspunkt, sondern eine qualitativ andere Seinsebene.

Im Unterschied zu profaner Zeit ist heilige Zeit wiederholbar. In den linearen Ablauf der profanen Zeit sind sakrale Zeitabschnitte eingeschoben. Sie unterbrechen periodisch den Zeitablauf, zum Beispiel Gebetszeiten, Feste. Für den religiösen Menschen ist Zeit nicht gleich Zeit. Sogar der Tagesablauf ist in verschiedene Phasen mit jeweils unterschiedlicher Zeitqualität eingeteilt. Die Einrichtung des Kalenders ist religiösen Ursprungs. Auch die Zeitrechnung hat religiöse Wurzeln. Oft dienen bedeutsame Ereignisse als Anfangspunkte religiöser Zeitrechnung. Die christliche Zeitrechnung beginnt mit Christi Geburt, die islamische seit Mohammeds Auswanderung von Mekka nach Medina, die buddhistische von Buddhas Eingang ins Nirwana, die jüdische von der Weltschöpfung an. Viele Feste sind in der Religionsgeschichte auf die mythische Urzeit bezogen. Der Mythos als Grundlage des Ritus realisiert vergangenes, in der Nicht-Zeit angesiedeltes Geschehen und aktualisiert es für die Jetzt-Zeit. Gewöhnlich geschieht dies dadurch, dass das mythische Geschehen dramatisiert, also als Schauspiel aufgeführt wird. Andere Feste erinnern an historische Ereignisse: Geburt, Tod, Auferstehung, Himmelfahrt Christi, Mohammeds Todestag usw.

Gibt es den Sonntag auch anderswo?

Die Heiligung des Sonntags hat ihr Vorbild in der Heiligung des jüdischen Sabbats. Er ist ein Tag der Ruhe und des Gottesdienstes. Der Sabbat beginnt mit dem Sonnenuntergang am Freitag und endet mit dem Sonnenuntergang am Sonnabend. Heilig ist der Sabbat von Anbeginn (Gen 2,1–3). Seine Heiligung gilt als die höchste religiöse Pflicht und besteht vor allem in der absoluten Ruhe (Ex 20,10). Als „Sabbat des Herrn, deines Gottes" feiert er das göttliche Ruhen am siebten Schöpfungstag. Der Sabbat gilt als „Zeichen des Bundes" zwischen Gott und seinem Volk Israel (Ex 31,12–17), erinnert an den Auszug der Israeliten aus ägyptischer Gefangenschaft (Dtn 5,15). Der feierliche Empfang des Sabbat findet am Freitagabend in der Synagoge statt, meist nicht später als eine halbe Stunde nach dem Sonnenuntergang. „Geh, mein Geliebter, entgegen der Braut, lass uns den Sabbat freundlich empfangen" – so beginnt die um 1540 von dem Mystiker Salomo Alkabez (um 1505–1576) verfasste Hymne Lecha dodi. Wenn am Schluss des Gebets diese Zeilen noch einmal wiederholt werden, blicken Juden in manchen Gemeinden zum Synagogeneingang. Damit drücken sie die Hoffnung aus, dass „Königin Sabbat" in das Gotteshaus einzieht. Das stehend dargebrachte Abendgebet enthält nur sieben der sonst üblichen 19 Segenssprüche des Schemone essre. Den Gottesdienst beschließt nach dem Kiddusch, der Heiligung des Sabbats über den Wein, die Alenu-Hymne, die mit den Worten beginnt: „An uns ist es zu preisen den Herrn des Alls." Es ist üblich, sich nach dem Gottesdienst mit „Gut Schabbes" bzw. heute „Schabbat Schalom" zu grüßen. Anschließend beginnt die häusliche Feier. Für Juden ist der Sabbat Höhepunkt ihrer Woche. Er gilt als Geschenk Gottes, als Vorgeschmack der zukünftigen Welt. Niemand darf an diesem Tag arbeiten, weder Mensch noch Tier. Die Mischna Sabbat VII enthält die von den Rabbinen untersagten 39 Arbeiten. Hinzu kommt das aus Ex 16,29 abgeleitete Verbot, mehr als 2000 Ellen aus der Stadt zu gehen. Juden sehen in dieser Vorschrift keinen Zwang. Wenigstens einmal in der Woche fühlen sie sich richtig frei und nicht als Opfer öder Alltagsroutine. Der jüdische Psychoanalytiker Erich Fromm (1900–1980) hat einmal sehr schön formuliert: „Der Sabbat symbolisiert die Einheit zwischen Mensch und Natur, zwischen Mensch und Mensch. Indem wir nicht arbeiten – d. h. indem wir nicht in den Prozess des natürlichen und sozialen Wandels eingreifen – wird der Mensch frei von den Fesseln der Zeit."

Auch die Gemeinschaft der Siebenten-Tags-Adventisten (STA) nimmt die Heiligung des Sabbats sehr ernst. Die Sabbattheologie der STA geht davon aus, dass der Sabbat willkürlich durch den Sonntag verdrängt wurde. Im Gesetz ist aber die Heiligung des Sabbats Freitag ab Sonnenuntergang bis zum Sonnenuntergang am Sonnabend geboten. Die Sabbatfeier gilt als „Sinnbild der Erlösung durch Christus, Zeichen der Heiligung, Zeugnis des Gehorsams und Vorgeschmack des ewigen Lebens" (Erich Geldbach). Der Sabbat ist für Adventisten ein „heiliger" Tag. An ihm sollen keine alltäglichen Arbeiten verrichtet werden. Wie bei den Juden, so ist dieser Tag ein Tag der Ruhe und gehört der Familie. Um Diskriminierungen durch das öffentliche Schulsystem zu begegnen, gründeten die Adventisten, insbesondere in den USA, ein eigenes, den Prinzipien ganzheitlicher Pädagogik verpflichtetes Schulsystem.

Der islamische Freitag ist nur zum Teil mit Sonntag bzw. Sabbat zu vergleichen. Seit der Auswanderung des Propheten Mohammed von Mekka nach Medina (622) ist dieser Tag der Versammlungstag der Gemeinde. Der Freitag wurde zum Versammlungstag der islamischen Umma („Gemeinschaft") gewählt, weil es sich auch um den Markttag handelte. An diesem Tag versorgten sich die Juden Medinas, die einen hohen Prozentsatz der Stadtbevölkerung ausmachten, mit den nötigen Lebensmitteln für ihren Sabbat.

Freitags versammeln sich die Muslime zum Freitagsgebet. In der Freitagsmoschee, die eine Stadt erst als eine islamische ausweist, findet die Freitagspredigt statt. Im Unterschied zu Sonntag und Sabbat ist der Freitag kein Ruhetag. Der Gedanke, dass Gott, der „barmherzige Erbarmer", nach seiner Weltschöpfung ausruhen musste, ist unislamisch: „Wir erschufen die Himmel und Erde und was zwischen beiden in sechs Tagen, und keine Ermüdung erfasste uns" (50,37). Gott, so heißt es im berühmten Thronvers, „überkommt weder Ermüdung noch Schlaf" (2,255). Nach islamischem Verständnis beeinträchtigt ein ruhebedürftiger Gott den Gedanken der Allmacht. Für den Menschen jedoch hat Gott die Nacht zur Ruhe geschaffen (28,73). Die 62. Sure des Korans ruft die Gläubigen freitags zum Gebet und zum häufigen Gedenken Gottes und empfiehlt, die Geschäfte ruhen zu lassen. Auch wenn der Freitag kein Ruhetag ist, so ist er trotzdem ein Feiertag. Muslime zeichnen ihn dadurch aus, dass sie saubere Kleidung anziehen und kulinarische Leckerbissen auftischen. In vielen islamischen Staaten sind freitags die Büros und Geschäfte geschlossen.

Für Buddhisten sind die Uposatha-Tage, die Tage des „Fastens", bedeutsam. Sie werden an Vollmond, Neumond sowie jeweils an zwei Tagen im ersten und letzten Mondviertel begangen. Ursprünglich versammelten sich die Mönche eines Bezirks, um gegenseitig ihre Vergehen gegen die Ordenssatzung zu beichten. In Südasien ist dieser Brauch in den Hintergrund getreten. An den anderen vier Tagen widmen sich die Laienbuddhisten einer strengeren Praxis, als es in ihrem Alltag sonst üblich ist. Sie verzichten auf geschlechtlichen Umgang, suchen die Klöster auf, nehmen an den Lehrdarbietungen der

Mönche, an den Verehrungen des Buddha teil. Außerdem halten sie die acht Sila-Regeln ein, essen nicht mehr nach dem Mittag, geben sich keinen Zerstreuungen hin, legen keinen Schmuck an und verzichten auf hohe, bequeme Betten. An den buddhistischen Feiertagen wird in Sri Lanka, wo der südliche Theravada-Buddhismus herrscht, kein Alkohol ausgeschenkt, alle Vergnügungslokale sind auf der Insel geschlossen.

Sikhs kennen keine heiligen Wochentage. An Sangrand, dem ersten Tag ihres Mondkalenders, suchen fromme Sikhs ihren Versammlungsort auf. Der Gurdwara ist Ort des Gottesdienstes, auch wenn Sikhs grundsätzlich überall und jederzeit Gebete zu Gott sprechen können. Unter den Bedingungen der Diaspora, zum Beispiel in England, können die Sikhs ihre Gottesdienste nur am arbeitsfreien Wochenende abhalten. Daher finden in allen Gurdwaras Sonntagsfeiern statt, wobei dieser Tag nicht aus religiösen, sondern aus praktischen, durch die Umwelt bedingten Gründen gewählt wird. Die gottesdienstlichen Handlungen der Sikhs erstrecken sich über zwei Tage. Von Freitag- bis Sonntagmorgen wird der „Guru Granth Sahib", die heilige Schrift der Sikhs, von versierten Vorleserinnen bzw. Vorlesern rezitiert. Wenn diese ununterbrochene Lesung nicht veranstaltet wird, erstrecken sich die Feierlichkeiten auf den Sonntag allein. Die Gebete und Lesungen dauern mehrere Stunden.

Einzelnen Tagen kommt im Hinduismus besondere Bedeutung zu. Es handelt sich vornehmlich um die Vollmond- und Neumondtage. Diese Tage werden von vielen Hindus fastend begangen. Der jeweils vierte Tag nach dem Fastentag ist dem sehr populären elefantenförmigen Gott Ganesha gewidmet, der jeweils achte der Muttergöttin Kali und der elfte dem Gott Vishnu.

Feste im Jahreskreis

Christentum

Die Hauptfeste des Christentums sind Ostern, Pfingsten und Weihnachten. Das Kirchenjahr unterscheidet zwischen dem Weihnachtsfestkreis, der Passionszeit und dem Osterfestkreis sowie dem Pfingstkreis.

Advent
Advent (lateinisch adventus: „Ankunft") bezeichnet die vierwöchige Zeit vor Weihnachten. Die Vorbereitungszeit auf das Geburtstagsfest Jesu kennt man erst seit dem 4. Jh. Über längere Zeit war die Zahl der Adventssonntage regional unterschiedlich. Erst seit 546 ist die abendländische Vierzahl für Italien bezeugt. Mit dem 1. Advent beginnt das Kirchenjahr. Zunächst war der Advent eine Buß- und Fastenzeit. Die liturgische Farbe Violett verrät dies noch heute. Theologisch bedeutet Advent Erinnerung und Erwartung: Christen glauben, dass die – vom Judentum immer noch erhoffte – Ankunft des Messias in Christus erfüllt wurde. Darüber hinaus erwarten sie seine endgültige Wiederkunft am Jüngsten Tag. In den Advent gehören die Feste von Nikolaus, Barbara und Luzia.

Nikolaus (6.Dezember)
Würde er heute noch leben, wäre er ein Türke: der heilige Nikolaus. Er residierte und starb wahrscheinlich in der ersten Hälfte des 4. Jh. in Myra, dem heutigen Demre. Um seine Person rankten sich bald zahlreiche Legenden, die ihn als mildtätigen Nothelfer verherrlichen. Diese Legenden verbanden sich mit Wundererzählungen, die über einen Abt und Bischof gleichen Namens erzählt wurden, über Nikolaus von Sion (gest. 564). Der Siegeszug des Nikolaus als populärer Heiliger, Nothelfer und Patron der Kinder begann im 11. Jh. in Europa.

Heilige Drei Könige

Der Evangelist Matthäus erzählt im Kapitel 2 seines Evangeliums von den „anatolischen Magiern", die aus dem Osten, dem Reich der aufgehenden Sonne, nach Jerusalem kamen, weil sie den Stern eines neugeborenen Königs gesehen hatten. Wer genau diese „Magier" waren, ist bis heute umstritten. Waren es Angehörige der iranisch-medischen Priesterklasse, Anhänger des Gottes Mithras oder einfach Sterndeuter, die aus dem Iran, Babylonien oder aus dem arabischen Raum stammten? Herodes hatte Angst, der neugeborene König würde ihm den Thron entreißen. Die Sterndeuter sollten daher auf dem Rückweg Herodes berichten, wo der neugeborene König zu finden sei. Die Männer folgten dem Stern bis zu dem Stall, wo sie Maria und Josef mit dem Kind fanden. Sie verneigten sich und brachten ihre Geschenke: Gold, Weihrauch und Myrrhe. Doch auf ihrer Rückreise kehrten sie nicht zu Herodes zurück. Aus den „anatolischen Magiern" wurden in der späteren Überlieferung die drei Könige oder Weisen aus dem Morgenland. Sie haben einen bedeutenden Platz in der christlichen Frömmigkeits-, Brauchtums- und Ikonographiegeschichte. Erst seit dem 8. Jh. sind sie als Kaspar, Melchior und Balthasar bekannt. Dass es überhaupt drei Personen waren – Könige noch dazu –, davon weiß die Erzählung, die Matthäus vorliegt, noch nichts. Zu Königen wurden sie unter dem Einfluß alttestamentlicher Stellen. Ihre Dreizahl erschloss erst der griechische Kirchenvater Origenes aus der Zahl der in Mt 2,11 genannten Geschenke (Gold, Weihrauch und Myrrhe), die symbolisch auf die Würden Christi bezogen werden: Gold – König; Weihrauch – Gott; Myrrhe – Arzt. Dafür, dass die Erzählung nicht völlig in den Bereich der Legende hineingehört, spricht die besondere Sternen-Konstellation im Jahre sieben vor Christus. Es handelt sich um die Nahbegegnung der Planeten Jupiter und Saturn im Tierkreiszeichen der Fische. Jupiter galt als Stern des Weltherrschers; der Saturn war „der" Stern Palästinas, des Volkes Israel; das Sternbild der Fische betrachtete man als Zeichen der Endzeit. Astrologisch Versierte, wie die Magier der Erzählung, erwarteten demnach für dieses Jahr das Auftreten eines endzeitlichen Messias. Diese Deutung wird von manchen Exegeten bestritten.

Passionszeit

Vor Ostern liegt die sechswöchige Passionszeit. Die früher streng befolgte Fastenzeit wurde in den protestantischen Kirchen weitgehend vergessen und in neuerer Zeit häufig wiederbelebt. Die Fastenzeit beginnt mit Aschermittwoch. Das Aschenkreuz auf der Stirn katholischer Christen symbolisiert Tod und Auferstehung. Die 40-tägige Fastenperiode ging aus dem Trauerfasten an Karfreitag und Karsamstag hervor. Allmählich entwickelte sich die 40-tägige Periode zu einer Zeit der Buße und freudigen Erwartung. Darüber hinaus dient die Fastenzeit der Tauferinnerung bzw. -vorbereitung.

Ostern

Entscheidend für den christlichen Glauben ist die Gewissheit der Auferstehung Christi von den Toten. Diese Auferstehung und die Hoffnung, dass mit dem Tod nicht alles vorbei ist, feiern gläubige Christen zu Ostern. Ostern wird an dem Vollmond begangen, der auf den Frühlingsanfang folgt. Frühester Zeitpunkt ist der 22. März, spätester der 25. April. Ostern wurde bereits im 4. Jahrhundert als christliches „Fest der Feste" gefeiert. Vermutlich kommt der Name des Festes von der germanischen Gottheit Ostera, der Gottheit der Morgenröte und des aufsteigenden Lichts. Andere führen Ostern auf das altgermanische Wort Ostra zurück: den Zeitpunkt, an dem die Sonne neu wieder im Osten aufgeht. Alle diese Erklärungen gehen davon aus, dass Christus ein Bild für die im Osten aufsteigende Sonne ist, weil er Licht in die dunkle Welt gebracht hat.

Christi Himmelfahrt

40 Tage nach Ostern feiern Christen den Abschied von Jesus und seinen Aufstieg zu Gott. Von einer Himmelfahrt Jesu erzählt nur der Evangelist Lukas an zwei Stellen. Am Schluss seines Evangeliums erscheint der Auferstandene den Jüngern

und segnet sie: „Und es geschah, da er sie segnete, schied er von ihnen und fuhr auf gen Himmel" (24,50). In der Apostelgeschichte (1,9–11) lesen wir von einer Wolke, die den auferstandenen Jesus vor den Augen der Jünger hinwegnimmt. Die Himmelfahrtsgeschichte stammt wohl von Lukas selbst, der auf keinen geformten Erzählstoff zurückgreifen konnte. Ebenso wenig wie die Himmelfahrt als Vorgang geschildert wird, gibt es im Neuen Testament Ausmalungen des Auferstehungs- bzw. Auferweckungsereignisses.

Pfingsten

Pfingsten stammt von dem griechischen Wort Pentekoste ab, das 50 bedeutet. Im christlichen Festkalender bezeichnet Pfingsten den 50. Tag nach Ostern. Bei den Juden war dieser Tag Erntefest. Man gedachte auch der Übergabe der Zehn Gebote an Mose auf dem Berg Sinai. Die christliche Kirche feiert Pfingsten aus drei Gründen. Einmal denkt man daran, dass die Auferstehung Christi nun vollendet ist und der Heilige Geist in der Welt wirkt. Ferner gilt Pfingsten als „Geburtstag der Kirche", weil die Jünger anfingen, die christliche Botschaft zu den Menschen zu bringen.

Fronleichnam

Fronleichnam bedeutet auf Mittelhochdeutsch „Leib des Herrn". Dieses katholische Fest wird zehn Tage nach Pfingsten begangen. Eine große Rolle spielt dabei die Zurschaustellung des Altarsakraments in der Monstranz. 1209 hatte die Nonne Juliana von Lüttich eine Vision, die ihr beim Vollmond eine dunkle Stelle zeigte. Sie sah im Mond ein Sinnbild der Kirche und deutete die dunkle Stelle als fehlendes Fest. Dieses wurde 1246 in der Diözese Lüttich eingeführt. In Deutschland setzte sich rasch der Name Fronleichnam durch. An Fronleichnam trägt die katholische Kirche „ihr kostbarstes Kleinod – den eucharistischen Heiland – aus dem Heiligtum hinaus in Gottes freie Natur, und das Volk huldigt ihm als den ‚König der Ehren', der seinen festlichen Umzug hält" (Friedrich Heiler).

Erntedankfest

Am ersten Sonntag im Oktober feiert man in Deutschland das Erntedankfest, um Gott für seine guten Gaben zu danken. Die Kirchen sind an diesem Tag mit Blumen und Getreide geschmückt. Neben den Altar werden Obst, Gemüse und Brot gelegt. Christen sollen an diesem Tag auch darüber nachdenken, wie sie mehr Gerechtigkeit erreichen und die Gaben Gottes besser (ver)teilen können.

Sankt Martin

Der 11. November ist der Gedenktag des Bischofs Martin von Tours (316/17–397). Er erfreut sich bei katholischen und evangelischen Christen, neuerdings auch bei Muslimen großer Beliebtheit. Martin wurde als römischer Staatsbürger in Ungarn geboren. Mit 15 Jahren ging er zum Militär und machte bald Karriere als Offizier. Nach einer Legende begegnete Martin einem dürftig bekleideten Mann an einem kalten Winterabend. Mit dem Schwert zertrennte Martin beherzt seinen Soldatenmantel und schenkte dem Erfrierenden eine Hälfte. In der folgenden Nacht erschien ihm Christus im Traum – bekleidet mit dem Mantelstück des Bettlers. Dem einen ärmlichen Lebensstil pflegenden Martin gelang es nicht, sich der Wahl zum Bischof von Tours (372) zu entziehen. Für Protestanten ist der 11. November zugleich der Tauf- und Namenstag Martin Luthers.

Reformationstag

Am 31. Oktober begehen evangelische Christen das Gedächtnis der Reformation. Der Überlieferung nach schlug Martin Luther am Vortag des Allerheiligenfestes 1517 seine 95 Thesen zu Ablass und Buße an die Tür der Wittenberger Schlosskirche. Dieses Ereignis gilt allgemein als Beginn der reformatorischen Bewegung.

Allerheiligen

Katholische Christen begehen Allerheiligen am 1. November als das Fest aller Menschen, die nach ihrem Tod die Gemeinschaft mit Gott erreicht haben, also nicht nur derer, die heilig gesprochen wurden. Am darauf folgenden Allerseelen gedenkt die katholische Kirche aller Verstorbenen, die diese Vollendung noch nicht erreicht haben, und legt Fürbitte für sie ein. Mit Allerseelen ist der Brauch des Gräbergangs verbunden. Man schmückt die Gräber mit brennenden Kerzen.

Marienfeste

Zur römisch-katholischen Frömmigkeit gehören die Marienfeste. Einige Feste der „Gottesmutter" Maria reichen bis in das 4. Jahrhundert zurück. Als erster berichtet Gregor von Nazianz (330–390) von einer direkten Anrufung Marias. Die ältesten Marienfeste gehören in das Umfeld von Weihnachten bzw. Epiphanias. Nachdem das Konzil von Ephesus (431) die Lehre von der Gottesmutterschaft Marias verkündet hatte, wurde die Marienverehrung im Osten immer populärer. Zu den Marientagen gehören u. a.: Hochfest Mariä Erwählung (8.12.); Hochfest der Gottesmutter Maria (1.1.); Darstellung des Herrn (2.2.); Unsere Liebe Frau in Lourdes (11.2.); Unbeflecktes Herz Mariä (3. Sonnabend nach Pfingsten); Mariä Verkündigung (25.3.); Mariä Heimsuchung (2.7.); Unsere Liebe Frau auf dem Berg Karmel (16.7.); Mariä Himmelfahrt (15.8.); Maria Königin (22.8.); Mariä Geburt (8.9.); Mariä Namen (12.9.); Schmerzen Mariens (15.9.); Unsere Liebe Frau vom Rosenkranz (7.10.); Unsere Liebe Frau von Jerusalem (21.11.).

Judentum

Die Feste des jüdischen religiösen Jahres haben eine stark bindende Kraft, die auch in häufigen Besuchen des Gottesdienstes zum Ausdruck kommt. Aber auch Feiern im Familienkreis nehmen einen besonderen Rang ein, weil bei vielen Festen die einzelnen Familienmitglieder einen besonderen Beitrag zur religiösen Deutung des Festes beisteuern.

Die Feste des jüdischen Jahres sind geprägt zum einen von der Gewissheit, dass Gott dem Volk Israel eine besondere Führung zukommen lässt, zum andern von der jüdischen Geschichte und den Erfahrungen der Menschen im Rhythmus der Jahreszeiten. Die Feste des jüdischen Jahres sind in die wöchentliche Ordnung des Sabbats eingebettet, die das ganze Jahr prägt. Für jeden Sabbat ist ein eigener Wochenabschnitt aus der Tora vorgesehen.

Im ersten Monat des jüdischen Jahres finden gleich mehrere wichtige Feste statt:

Rosch Haschana – das Neujahrsfest
Das jüdische Neujahrsfest ist ein Tag der Besinnung und Einkehr. Juden erinnern sich daran, dass Gott die Welt erschaffen hat. Mit Freunden und Verwandten werden Grußkarten mit guten Wünschen für das kommende Jahr ausgetauscht. Es ist guter Brauch, einen in Honig getauchten Apfel zu essen, der ein süßes angenehmes Jahr symbolisieren soll. Rosch Haschana gehört zu den Festen, an denen der Schofar, ein angeschnittenes Widderhorn, geblasen wird. Wenn Juden den Klang des Schofars hören, denken sie insbesondere an Abraham und die Gabe der Tora am Sinai.

Jom Kippur – das Versöhnungsfest
Zehn Tage nach dem Neujahrsfest folgt der höchste jüdische Feiertag: Jom Kippur. An diesem Tag entscheidet Gott über das Schicksal der Juden im kommenden Jahr sowie über das der ganzen Menschheit. Alle Erwachsenen fasten an diesem Tag. Kinder fasten nicht den ganzen Tag, aber gewisse Einschränkungen, zum Beispiel ein späteres Frühstück, gelten auch für sie.

Selbst Juden, die nicht religiös eingestellt sind, nehmen Jom Kippur sehr ernst. Bevor die Familie das Haus verlässt, wird dort eine hohe Kerze entzündet. Sie soll den ganzen Feiertag lang brennen. Nachdenklichkeit, Gebete und Segenssprüche prägen diesen hohen Festtag, der mit dem Blasen des Schofars und dem Schließen des Toraschreins in der Synagoge endet. Am späten Abend wird die erste Mahlzeit nach dem Fastentag eingenommen.

Sukkot – Laubhüttenfest
Auf dieses neuntägige Laubhüttenfest, eine Art Erntedankfest, freuen sich insbesondere Kinder sehr. Das Fest stellt den Juden

sinnenhaft vor Augen, dass ihre Vorfahren während der 40-jährigen Wanderung durch die Wüste in Hütten leben mussten. Auch heute baut jede Familie auf dem Balkon, im Garten oder im Hof eine Laubhütte, Sukka genannt. Für Juden, die keine eigene Laubhütte bauen können, stellt oft die Gemeinde eine besondere Sukka zur Verfügung. Die ganze Familie hilft beim Bau dieser Hütte. Zum Schluss werden grüne Zweige auf das Dach gelegt und die ganze Hütte mit ausgeschnittenen Blumen, Papierobst und Girlanden geschmückt. Am ersten Abend wird ein Leuchter auf den Tisch der Hütte gestellt, und die ganze Familie nimmt an dem gemütlichen Mahl teil. Vielleicht könnte man, wenn jüdische Kinder denselben Kindergarten besuchen, gemeinsam aus Planken, Latten und Nägeln eine solche Hütte bauen und versuchen, ein wenig von der Gefühlswelt des Judentums mitzuerleben.

Simchat Tora – Fest der Torafreude

Am letzten Tag des Sukkot-Festes werden die festlich geschmückten Torarollen singend und tanzend durch die Synagoge getragen. Nicht nur die Männer tanzen, die Torarollen in den Händen, auch die Kinder tanzen mit, schwenken Fähnchen und stampfen mit den Füßen. Es ist der einzige Tag im Jahr, an dem Kinder in der Synagoge lärmen dürfen. Das „Lied über die Torafreude" drückt die der Heiligen Schrift entgegengebrachte Verehrung aus:

Freut euch und jubelt an Torafreude
und gebet Ehre der Tora heute.
Besser als aller Erwerb ist's, sie zu erwerben,
köstlicher ist sie als Gold und Perlen.
Wir jubeln, der Tora freuen wir uns,
denn sie ist Kraft und Licht für uns.

An Simchat-Tora wird der Zyklus der jährlichen Toralesung beendet und der Neubeginn gefeiert. Der Toravorleser wird mit Segenssprüchen begleitet. Im Laufe des jüdischen Jahres werden die fünf Bücher Mose einmal in der Synagoge vorgetragen. Am Tag der Torafreude ist der letzte Abschnitt erreicht.

Chanukka

Chanukka („Einweihung") fällt in unsere Vorweihnachtszeit und ist ein Lichterfest wie Advent. Es werden der Reihe nach Kerzen angezündet. Aber nicht vier, sondern acht: acht Tage lang, jeden Abend eine, kurz nach Sonnenuntergang, bis schließlich alle acht Kerzen brennen. Der Grund für diesen Brauch ist über 2000 Jahre alt: Damals wurden die Juden von dem syrischen König Antiochus IV. Epiphanes unterdrückt. Der mächtige Herrscher befahl allen Bewohnern seines Reiches, also auch den Juden, die griechischen Götter zu verehren. Er verbot die jüdische Religion, in der nur der eine und einzige Gott verehrt wird. Der König ließ viele heilige Orte und Gegenstände des jüdischen Glaubens zerstören. Judas Makkabäus baute mit wenigen tapferen Männern eine Widerstandsbewegung gegen den syrischen König auf. Makkabäus bedeutet wörtlich: der „wie ein Hammer" zuschlägt. Der Aufstand war erfolgreich. Die Juden erhielten ihren Tempel wieder zurück, den sie reinigten und neu „einweihten". Als die Juden den zertrümmerten achtarmigen Leuchter im Tempel fanden, schmiedeten sie aus ihren Waffen einen neuen. Nun hatten sie zwar wieder einen Leuchter. Doch womit sollten sie Licht machen? Sie brauchten Öl dazu. Schließlich fanden sie einen kleinen Krug mit Öl, das die Römer nicht beschmutzt hatten. Um alle Kerzen anzuzünden, würde die Ölmenge höchstens einen Tag reichen. Doch der wundersame Leuchter brannte ganze acht Tage lang. Zur Erinnerung an dieses Wunder entzünden Juden jeden Abend von Beginn des Festes eine weitere Kerze am Chanukka-Leuchter. Sie benutzen zum Anzünden eine zusätzliche Kerze. Dieser „Diener" hat seinen besonderen Platz auf dem Leuchter, der insgesamt neun Arme hat. Man stellt den Chanukkaleuchter immer ins Fenster, damit er von der Straße aus gesehen werden kann. Jeder soll miterleben, welches große Wunder vor 2000 Jahren geschah. Außerdem weiß dann jeder, der vorbeikommt, die wie vielte Chanukka-Nacht gerade ist.

Purim
Das freudige Losfest wird zur Erinnerung an die Rettung der Juden vor dem bösen Minister Haman zur Zeit der babylonischen Gefangenschaft gefeiert (vgl. S. 66).

Pessach
Dieses Fest feiern die Juden aus Anlass ihrer Befreiung von der Knechtschaft in Ägypten. Gott rettete sein Volk aus der Gefangenschaft und führte es ins heilige Land.

Schawuot
50 Tage nach Pessach wird Schawuot („Wochenfest") gefeiert, ursprünglich ein Erntefest. Schon früh erinnerte man sich an diesem Tag an Mose und seinen Empfang der Gesetzestafeln. Bei diesem Freudenfest werden die Torarollen und der Toraschrank mit Blumen geschmückt.

Tub 'Schwat – Neujahrsfest der Bäume
Wie sehr Juden Fruchtbäume schätzen, wird am „Neujahrstag der Bäume" sichtbar. Er ist heute in Israel ein Festtag. Hintergrund ist das Gebot Lev 19,23–25, die Früchte von neu gepflanzten Bäumen drei Jahre nicht zu genießen, sie im vierten Jahr im Tempel zu verzehnten und erst im fünften Jahr zu essen. In talmudischer Zeit war der 15. Schwat Stichtag für die Fruchtabgabe, weil er das Ende der Regenzeit und den Beginn der Pflanzperiode markierte. In Israel pflanzt man heutzutage an diesem Tag gern Bäume. In der Diaspora ist es üblich, möglichst 15 Früchte, die an Israel erinnern, zusammenzustellen und zu verzehren.

Islam

Neujahr
Neujahr wird im Monat Muharram („der Heilige"), dem ersten Monat des islamischen Kalenders, begangen. Mohammed übersiedelte in diesem Monat von Mekka nach Medina. Adam, der erste Mensch und Prophet, bat Gott im Monat Muharram um

Vergebung. Noah und seine Arche wurden vor der großen Regenflut in Schutz gebracht. Moses rettete das Volk Israel vor dem Angriff Pharaos. Die sunnitischen Muslime begehen in Erinnerung an die Auswanderung Mohammeds von Mekka nach Medina am 1. Muharram ihr Neujahr („Nacht der Schuldlosigkeit"). Heute schenken sich die Muslime aus Anlass dieses Tages Süßigkeiten, erzählen spannende und erbauliche Geschichten von Mohammed und seinen Prophetengefährten. Die Muslime in Saudi-Arabien und den Golfstaaten begehen diesen Tag nicht, weil Mohammed ihn nicht besonders herausgestellt hatte. Die Schiiten feiern am 1. Muharram kein Neujahr, sondern den Beginn ihres Trauermonats.

Aschure

Der Aschure-Tag am 10. Muharram ist ein Gedenktag, der mehreren Ereignissen gewidmet ist. So feiern die Türken Aschure als Fest der Errettung der Arche Noahs. Als sie auf dem Berg Ararat landete, wurde aus den Lebensmittelresten, die auf der Arche waren, ein Festessen zubereitet. Zur Erinnerung daran kocht man in der Türkei eine aus 40 Zutaten bestehende Süßspeise und verteilt sie an Freunde und Nachbarn.

Der Prophet Jakob bekam im Monat Muharram seinen Sohn Yussuf, der später auch in diesem Monat aus dem Gefängnis befreit wurde, in das er durch eine Lüge gekommen war.

Abraham wurde vor der Verbrennung, die Newrod angeordnet hatte, bewahrt, und Mose rettete sein Volk vor den Pharaonen.

Eine herausragende Bedeutung hat der Aschure-Tag bei den Schiiten. Die Söhne des Kalifen Ali, Hasan und Husein wurden im Jahr 661 in der Wüste bei Kerbela vom omajadischen Kalifen belagert und bekämpft. Husein kam dabei um. Deshalb ist der 10. Muharram für Schiiten ein trauriger Gedenktag.

Geburtstag des Propheten Mohammed

Mohammeds Geburtstag wird in der islamischen Welt an zwei verschiedenen Tagen des dritten Monats Rabi I. gefeiert: Für die Sunniten gilt der 12. Rabi sowohl als Tag der Geburt des Propheten wie auch als sein Todestag. Die Schiiten begehen den feierlichen Anlass am 17. Rabi I. Im frühen Islam wurde das Fest noch nicht gefeiert. Größere Geburtstagsfeiern gehen erst auf das 10./11. Jh. zurück. In der Geburtstagsnacht erleuchten in der Türkei ungezählte Kerzen und Lampen die Moscheen. Der Tag heißt Mevlid Kandili („Lichtfest zum Geburtstag") und wird sehr stimmungsvoll begangen. Man erzählt sich Geschichten aus dem Leben Mohammeds, der für alle Muslime ein besonderes Vorbild darstellt. In Pakistan ist der ganze Monat dem Gedenken des Gesandten Gottes gewidmet.

Der Fastenmonat Ramadan

Der Ramadan ist an mehreren Stellen dieses Buches in verschiedenen Zusammenhängen dargestellt worden, so dass dies hier nicht wiederholt werden muss. (Vgl. S. 67 f.)

Lailat al-Qadr – die „Nacht der Macht"

Üblicherweise wird am 27. Ramadan die Lailat al-Qadr („Nacht der Macht/Bestimmung") gefeiert, die an den Beginn der Offenbarung des Korans erinnert:

Siehe, WIR ließen IHN niedersteigen zur herrlichen Nacht.
Kannst du dir ausdenken, was diese herrliche Nacht?
Diese herrliche Nacht ist besser als tausend Monde.
Da stiegen die Engel herab und der Geist
auf ihres Herrn Geheiß mit der Ganzheit des Wortes.
Heilbringend war sie bis zum Aufstieg des Morgenrots.

Id al-Fitr – „Fest des Fastenbrechens"

Höhepunkt und Abschluss des Ramadans ist Id al-Fitr, das „Fest des Fastenbrechens". Im Bewusstsein vieler Muslime nimmt dieses dreitägige Fest (türk. Seker Bairam „Süßer Bairam" bzw. „Kleiner Bairam") mit seinen Glückwünschen und Geschenken die erste Stelle der Feste ein. Der türkische Name bedeutete zunächst wohl „Dankfest", wird heute aber mit den Süßigkeiten (seker = türk. Zucker) in Verbindung gebracht, die an diesem Tag verschenkt werden. Das Fest ist eine Zeit der Danksagung, weil Allah den Muslimen die Einhaltung des Fastens ermöglicht und Übertretungen vergeben hat. Jeder Muslim, der nicht unter Armut leidet, ist verpflichtet, die Bedürftigen durch eine Gabe an der Festfreude teilnehmen zu lassen.

Id al-Adha – das große „Opferfest"

Das viertägige Id al-Adha ist das größte islamische Fest am Ende der jährlichen Wallfahrt. Der türkische Name lautet Qurban Bairam („Großer Bairam"). Die Hingabe des Menschen an Allah und seine Barmherzigkeit hat eine hohe Bedeutung bei diesem Fest. Sein Anlass ist eine Erzählung aus der hebräischen Bibel und dem Koran: Gott fordert Abraham auf, seinen Sohn Ismail als Zeichen seines Gehorsams zu opfern. Im letzten Augenblick verzichtet Gott jedoch auf das Opfer und schickt ein Schaf an seine Stelle. In Erinnerung daran kaufen viele muslimische Familien zu diesem Fest ein Schaf, das nach den religiösen Regeln geschlachtet und gemeinsam verzehrt wird. Ein Drittel des Fleisches erhalten Bedürftige, ein weiteres Drittel die Verwandtschaft, das letzte Drittel verzehrt man selbst. Viele Muslime bringen ein finanzielles Opfer: bis zu 10 % ihres Jahreseinkommens. Die finanziellen Gaben werden für arme Familien, karitative Einrichtungen, Behinderte u. a. verwendet. In islamischen Ländern bleiben Schulen und Behörden geschlossen. Die Aleviten beziehen das Opfer nicht auf Ismail, sondern auf Isaak, den Stammvater der Juden.

Weiterführende Literatur:

Gaby Franger/Hubert Kneipp (Hg.), Miteinander leben und feiern. Ausländische und deutsche Kinder feiern Feste, Frankfurt a. M. 2. Aufl. 1987

Reinhard Kirste/Herbert Schultze/Udo Tworuschka, Die Feste der Religionen. Ein interreligiöser Kalender mit einer synoptischen Übersicht, Gütersloh 2. Aufl. 1997

Gertrud Wagemann, Feste der Religionen – Begegnung der Kulturen, München 1996

9. Heilige Orte

Heilige Gebäude

Religiöses Handeln geschieht vorzugsweise an „heiligen Orten". Wie die „heilige Zeit" so sind auch sie aus der Profanität ausgesondert, „herausgeschnitten". Das griechische Wort für „Tempel" bringt diesen Gedanken gut zum Ausdruck. Zunächst bezeichnet Tempel (von griech. temenos: der „abgeschnittene Bezirk"; temnein: „herausschneiden") kein Kultgebäude, sondern einen aus dem profanen Raum herausgeschnittenen, sakralen Bezirk, wo man die Gottheit anwesend glaubt. Nicht alle Religionen haben Kultgebäude. In Afrika sind sie so gut wie unbekannt. Die frühen indogermanischen Völker kannten wohl Kultplätze, aber keine Kultgebäude.

Christentum – Kirche

Die christliche Kirche ist das Gebäude, in der der Gottesdienst sowie andere wichtige religiöse Handlungen: Taufe, Kommunion, Konfirmation, Eheschließung und Trauerfeiern stattfinden.

Die meisten Kirchen besitzen einen Turm, dessen Glocke zum Gottesdienst einlädt. In jeder Kirche befindet sich ein Kreuz, ein Altar, ein Taufbecken und eine Kanzel, auf der die Predigt gehalten wird.

Der Altar ist ein erhöhter Tisch in der Kirche, der oft mit einem Leuchter, einem Kreuz und Blumen geschmückt ist und als Ort der Messfeier dient. Am Altar findet auch die Abendmahlsfeier statt.

In der Kirche spielt der Leiter des Gottesdienstes, der Priester, die tragende Rolle, indem er auf dem Altar das Messopfer vollzieht. Jeder Gläubige wendet sich ihm zu, und sein Gebet steht im Einklang mit diesem Opfer. Der Mittelpunkt des christlichen Gottesdienstes liegt in der Kirche selbst. Deshalb ist eine Orientierung des Gebäudes in eine bestimmte Himmelsrichtung, wie es bei der islamischen Moschee der Fall ist, nicht notwendig. Der Mittelpunkt der Kirche ist der Altar, das

Symbol des Abendmahles und des Grabes, aus dem Christus auferstanden ist.

Evangelische und katholische Kirchen sehen von innen etwas unterschiedlich aus. Beide besitzen einen Altar mit Kerzen und eine Kanzel. In katholischen Kirchen stehen außerdem noch Heiligenfiguren. Insgesamt ist die katholische Kirche oft prunkvoller ausgestattet. Außerdem befindet sich dort ein Schrank, der Tabernakel genannt wird. Darin werden die Reste des heiligen Brotes von der Messe aufgehoben. In der Nähe des Tabernakels brennt immer eine kleine Kerze.

Judentum – Synagoge

Die Synagoge (griech. „Versammlungshaus") ist das jüdische Versammlungshaus für Gottesdienst und Studium. Die Synagogen entstanden aus den Toraschulen der Schriftgelehrten während des Exils. Nach der Zerstörung des Tempels von Jerusalem (70 n. Chr.) wurde die Synagoge zum Zentrum des jüdischen Lebens. Im Gegensatz zum altisraelitischen Tempel mit seinem Opferkult verbindet sich mit der Synagoge der Wortgottesdienst. Mittelpunkt ist die Lesung des Tenach. Die antiken Synagogen wurden als Rats- bzw. Gerichtsgebäude genutzt, in das die Bürger zu öffentlichen Versammlungen zusammenkamen. Die Synagoge hatte einen speziellen Betsaal. Daneben gab es die Lehrhäuser, in denen in pharisäischer und rabbinischer Zeit die Toralehrer ihre Schüler in der Auslegung der Heiligen Schrift und der mündlichen Überlieferung unterrichteten. Synagoge und Lehrhaus waren oft identisch. Die Synagoge als solche ist keine heilige Stätte. Heilig wird sie erst durch die Zusammenkunft der Gemeinde. Sie ist Mittelpunkt des gesellschaftlichen Lebens, beherbergt oft die öffentliche Verwaltung, kann Gerichtsstätte sein. In ihrer äußeren Architektur folgen die Synagogen dem Kunststil ihrer Epoche und ihrer Umgebung.

In der Mitte der Synagoge befindet sich eine Erhöhung. Dort steht ein Pult, auf das die Torarollen gelegt werden. Größere Gemeinden besitzen einen beamteten Kantor oder einen Rabbiner, welche die Rollen vorlesen. In kleineren Gemeinden kann jeder erwachsene Mann als Vorbeter dienen, sofern er die traditionellen Texte, Melodien und die Liturgie des Gottesdienstes kennt. In nichtliberalen Gemeinden herrscht Geschlechtertrennung: Die Frauen sitzen oder stehen entweder hinten im Hauptschiff oder auf der an beiden Seiten des Schiffes entlanglaufenden Empore.

Islam – Moschee

Das zentrale Kultgebäude des Islam ist die Moschee, der „Ort, wo man sich (vor Gott) zum Gebet niederwirft". In jeder Moschee gibt es einen Mihrab (Gebetsnische), einen Minbar (Kanzel), häufig eine Dakka (Koranständer) und einen Rahla (Koranständer) sowie einen Brunnen oder eine andere Waschanlage für die notwendige rituelle Reinheit. Architektonisch lassen sich die Nische in Richtung Mekka mit einer Miniatur-Apsis, der Minbar mit einer Kanzel, der Turm des Minaretts mit einem Glockenturm vergleichen. Außerdem gibt es typische Verehrungshaltungen beim Betreten einer Moschee (Ausziehen der Schuhe, Abnehmen der Kopfbedeckung usw.), die an vergleichbare Respektbezeugungen vor dem Betreten einer Kirche erinnern. Die Moschee ist der Versammlungssaal der islamischen Gemeinschaft. Moscheen dienen u. a. Unterrichtszwecken, sind Zentrum des gesellschaftlichen Lebens, beherbergen z. T. die öffentliche Verwaltung. Oft befindet sich in ihrer Nähe eine Armenküche. In vielem gleicht die Moschee eher der Synagoge. Meist besitzt jeder größere Ort eine Freitagsmoschee, auch Große Moschee genannt, und andere große bzw. kleine Moscheen und Gebetsstätten. Aufgrund der islamischen Vorschriften muss eine Moschee nach Mekka orientiert sein. In unmittelbarer Nachbarschaft der Großen Moschee, die selbst auch als Unterrichtsstätte dient, finden sich meist religiöse Schulen und andere Bildungseinrichtungen. Einen anderen Rechtsstatus als die unter staatlicher Kontrolle stehenden Freitagsmoscheen besitzen die Moscheen der Wohnviertel. Hier haben die Muslime, in deren Viertel die Moschee steht und die dort regelmäßig beten, besondere Vorrechte. Sie können den Imam („Vorbeter“), den Muezzin („Gebetsrufer“) und das übrige Personal der Moschee ernennen. Das Innere der Moschee ist mit Matten und Teppichen ausgelegt. Bilder und Kultgegenstände sind verboten. Als Stätte des Gebets und der inneren Einkehr darf die Moschee nicht mit Schuhen betreten werden. Ein Gebäude, das zur Moschee bestimmt wird, gilt insofern als „heilig“, dass ihr Boden nicht verunreinigt werden darf. Voraussetzung für einen Gebetsplatz ist 1. die äußere Reinheit, d. h. das Freisein von allem, was der Islam für unrein erklärt, sowie 2. die innere Reinheit. Damit ist gemeint, dass beim Gebet benötigte Gegenstände (z. B. Teppich, Kleidung) auf erlaubte Weise erworben sein müssen.

Buddhismus

Charakteristisch für den Buddhismus sind die Stupas, die Buddhagrabhügel. Die Überreste des eingeäscherten Siddharta Gautama Buddha wurden verschiedenen Interessenten übergeben, die sie in ihre Heimat trugen. Die Buddha-Reliquien wurden in Grabhügeln bestattet. Berühmt ist die Pagode von Kandy (Sri Lanka), in welcher der heilige Zahn Buddhas aufbewahrt wird. Stupas sind gemauerte, im Allgemeinen halbkugelförmige Dome ohne Türen und Fenster. In einem wertvollen Behältnis wird die Reliquie in einer Kammer aufbewahrt. In den meisten Stupas befinden sich jedoch keine Buddha-Reliquien, sondern Texte aus den heiligen Schriften oder andere Gegenstände. Die Gläubigen umschreiten den Stupa verehrungsvoll, indem sie ihm – oder auch einer Buddha-Statue – ihre rechte Körperhälfte zuwenden. Der Stupa versinnbildlicht die hauptsächlichen Elemente der Buddha-Religion: der runde oder quadratische Sockel des Stupa den Glauben, Saddha. Damit ist die Haltung des Vertrauens gegenüber dem Stifter gemeint, der den Weg zum Nirwana bereits erfolgreich beschritten hat. Drei übereinander liegende Scheiben stehen für die dreifache Zufluchtnahme: zu Buddha, seinem Dhamma und dem Sangha. Darauf ruht der Dom, der die religiöse

Lehre symbolisiert. Das darüber angeordnete vierschichtige Quadrat ist Sinnbild der vier edlen Wahrheiten. Acht nach oben hin kleiner werdende Scheiben stehen für den edlen achtfachen Pfad. Das Nirwana wird durch die oft kegel- oder tropfenförmig gestaltete Spitze versinnbildlicht (nach H.-J. Greschat).

Ein Vihara („Aufenthaltsort, Wohnstatt") war ursprünglich der Rückzugsort der Mönche während der Regenzeit. Heute ist Vihara auch Bezeichnung für eine buddhistische Tempelanlage und Kloster. Viharas befinden sich in der Nähe von Pilgerstätten, große Viharas wurden zu Hauptsitzen von bestimmten Schulrichtungen oder entwickelten sich zu Universitäten. Der indische Bundesstaat Bihar erhielt seinen Namen aufgrund der Tatsache der zahlreichen dort gelegenen Viharas. Im Hof befindet sich oft eine Devala, ein Heiligenschrein, der einem Gott oder mehreren Gottheiten geweiht ist. In einem singhalesischen Vihara befindet sich eine Dagoba. So lautet der singhalesische Ausdruck für Stupa. Der tibetische Begriff für Stupa ist Chörten. Der „Reliquienhügel" dient zur Aufbewahrung von Reliquien des Buddha. In Dagobas werden auch die nach langem Gebrauch abgegriffenen, also unbrauchbar gewordenen Blätter der Suttenschriften aufbewahrt. Der Dagoba wird zum „Symbol der unvergänglichen Buddhalehre und Buddhanatur". Das wohl größte buddhistische Bauwerk der Welt, der in Zentraljava gelegene Borobudur („viele Götter"), ist mehr als nur ein Reliquienbehälter. Er symbolisiert den in das Nirwana eingegangenen Buddha und den Dhamma („Lehre").

Hinduismus

Für den Hinduismus sind öffentliche Riten in den Tempeln nicht so bedeutend wie die täglichen Riten zu Hause. Während die Kirche, Synagoge und Moschee Orte gemeinschaftlichen Gebets sind, sind Hindu-Tempel in erster Linie Wohnorte von Gottheiten, denen die Gläubigen ihre Ehrerbietung erweisen. Für den einzelnen Hindu ist der Tempelpriester weniger wichtig. Nur zu bestimmten Festen bzw. an berühmten Pilgerorten finden sich größere Menschenmengen ein. Einen einheitlichen Tempelbaustil gibt es, zumindest was größere Tempelanlagen betrifft, nicht. Die Unterschiede zwischen nord- und südindischen Tempeln sind groß.

Im Zentrum des Tempelgebäudes, im „Mutterschoßhaus", befindet sich – meist auf einem Sockel – das Symbol der Gottheit, der die Tempelanlage geweiht ist. Zahlreiche kleine Tempel bestehen oft nur aus dieser gemauerten Zelle, in der die Gottheit wohnt und ihrer gedacht wird. Bei größeren Bauten wird die Zelle oft mit einer hoch ragenden Kuppel geschmückt. Die Frommen versammeln sich vor dem meist schmalen Eingang der Zelle, der zu einer Halle erweitert ist, an die sich weitere Vorhallen anschließen, die für Musiker, Sänger, Tänzerinnen gedacht sind. Vor den Hallen befinden sich zwei Säulen: die Flaggen- und Opfersäule, deren Bezeichnung auf einstige blutige Opferungen verweist. Shiva-Tempel erkennt man an der Figur eines in Richtung des Gottes blickenden Ochsen, Nandi, sein Reittier. Vor Vishnu-Tempeln befindet sich der Vogel Garuda. Größere Tempelanlagen verfügen rechts vor der gemauerten Zelle über einen kleinen Raum, wo die Gottheit abends zur Ruhe gebettet und morgens aufgeweckt wird. Eine Küche gehört zu jedem größeren Tempel, in der für die Gottheit Nahrung zubereitet wird, die als „Gnadengabe" anschließend an die Pilger verteilt wird. In den sogenannten „Hundert- oder Tausend-Säulen-Hallen" versammeln sich die Frommen, um der Rezitation oder der Auslegung der heiligen Schriften zu lauschen. Falls kein natürlicher Wasserlauf vorhanden ist, werden Teiche gegraben, da jeder Tempel über Wasser verfügen muss. Die Bedeutung der für Nichthindus oft aufdringlich wirkenden erotischen Skulpturen ist keineswegs eindeutig geklärt. Umgeben ist die Tempelanlage von einer hohen Mauer. Ihre Zinnen sind mit Sinnbildern geschmückt, nach außen ist sie mit roten und weißen senkrechten Streifen bemalt. In Südindien sind die vier Tore mit hohen, bunt verzierten Türmen versehen.

Heilige Städte

Jerusalem, Rom, Compostela
Aus den ursprünglichen Grabstätten der Märtyrer, an denen vor allem an ihrem Todestag Gottesdienste gefeiert wurden, entstanden seit dem 4. Jahrhundert Grabeskirchen. Schon bald hatten sie überregionale Bedeutung. Das Grab Christi in Jerusalem gewann eine besondere Bedeutung. Kaiser Konstantin der Große ließ über dieser Stätte eine Grabeskirche erbauen. Palästina, das „Gelobte Land Israels", ist auch zum „Heiligen Land" der Christen geworden. Die beiden anderen großen Wallfahrtsstätten der abendländischen Christenheit sind aus Märtyrergräbern hervorgegangen: Rom (Petrus und Paulus) seit frühchristlicher Zeit und Compostela (der „Maurentöter" und Patron der Reconquista Jakobus/Santiago) in Westspanien seit dem 9. Jahrhundert.

Zu den bekanntesten heiligen Stätten der Orthodoxie zählen neben Jerusalem, Gethsemane, Bethlehem, Nazareth, der Berg Sinai und der Berg Athos. Auf griechischem Boden gehören die sechs Meteora-Klöster, die Panagia auf der Insel Tinos, die Demetriuskirche in Thessaloniki usw. dazu. Neben russischen, bulgarischen und rumänischen heiligen Stätten hat das Kloster Milcsevo mit dem leeren Grab des Nationalhelden Savvas für die serbische Orthodoxie herausragende Bedeutung.

Zu den großen heiligen Orten der Christenheit zählen Jerusalem (für alle Konfessionen), Rom (für römische Katholiken), Konstantinopel und Moskau (für orthodoxe Christen). Auch wenn die Geschichte der Reformation mit bestimmten Orten (Wittenberg, Genf, Basel) verknüpft ist, so sind diese Orte im Bewusstsein evangelischer Christen keine heiligen Orte. Überhaupt ist der Gedanke heiliger Orte dem Protestantismus fremd.

Judentum

Jerusalem
Weit mehr noch als die Städte Hebron, Safed und Tiberias ist Jerusalem als Ort des Tempels Salomos (10. Jh. v. Chr.) auf dem

Berg Moria die heiligste Stadt des Judentums, die Stadt Gottes, Zentrum des jüdischen Glaubens, geistigen Lebens und des nationalen Bewusstseins. Der erste Tempel wurde durch König Nebukadnezar 586 v. Chr. zerstört. Der zweite Tempel wurde 520–516 erbaut und endgültig 70 n. Chr. zerstört. Wenn Juden vom dritten Tempel sprechen, so denken sie an die zukünftige messianische Zeit. Bis heute ist den in der Diaspora lebenden Juden der Rückkehrwunsch gemeinsam: „Das kommende Jahr in Jerusalem." Tempel und Tempelberg, die Westmauer (volkstümlich Klagemauer genannt) sind besonders heilige Orte. Die Westmauer ist ein sehr beliebtes Pilgerziel, ebenso das Grab der Prophetin Hulda am Ölberg, der Pfeiler Absaloms und das Grab Sacharjas im Kidrontal. Für das Glaubensleben heutiger Juden ist das Grab des aus dem 4. Jh. stammenden Hohenpriesters Simeon des Gerechten im Stadtteil Sheikh Jarrah wichtig. Neben dem besonders verehrten Grab der als Heiligen verehrten Rachel in Bethlehem spielen das Erzvätergrab (für Abraham und seine Frau Sara, Jakob und seine Frau Lea sowie Isaak und Rebekka) in Hebron in der Höhle von Machpela und die zahlreichen anderen Patriarchen- und Prophetengräber eine bedeutsame Rolle für das Glaubensleben.

Islam

Mekka, Medina und Jerusalem

Mekka in Saudi-Arabien ist die Geburtsstadt des Propheten Mohammed (570) und des Islam. Für die rund eine Milliarde Muslime in aller Welt gilt diese Stadt als „Mutter der Städte" (Sure 6,92; 42,7), „sichere, friedliche Stadt", „Mutter der Barmherzigkeit", „Kopf, Anfang", „das ganz Heilige" oder „die Sakrosankte". In Mekka „dreht" sich buchstäblich alles um die Kaaba, diesen 13 m langen, 12 m breiten und 15 m hohen heiligen Quader, den ein schwarzes, mit Koranversen goldbesticktes Seidentuch umhüllt. Die Kaaba ist das „heilige Haus" des Islam, wobei der Begriff „heilig" im Arabischen das Wortfeld „geschützt, unverletzlich" enthält. Die Kaaba, das „geschützte" bzw. „heilige Haus Gottes", ist vom „geschützten

Gebiet“ umgeben. Darunter versteht man heute ein großes, mit sieben jeweils 85 Meter hohen Minaretten ausgestattetes Gebäude, das die heiligsten Plätze des Islam umfasst: die Kaaba; den „Gebetsplatz Abrahams“ gegenüber der Kaaba; den Zemzem-Brunnen, der nach der Tradition das Leben Ismaels rettete, als er und seine Mutter Hagar Wasser im dürren Tal suchten; die Laufbahn zwischen as-Safa und al-Marwa. Nach islamischer Überlieferung ist die von Adam erbaute Kaaba so alt wie die Menschheit. Abraham und sein Sohn Ismael richteten das inzwischen jedoch zerstörte Haus nur wieder auf.

Medina („Stadt“) gilt neben dem 447 Kilometer entfernten Mekka und Jerusalem als die zweite heilige Stadt des Islam, weil sie der letzte Wohnsitz des Propheten Mohammed seit der Hidschra, der „Auswanderung“ von Mekka nach Medina, im Jahre 622 war und sich die Medinamoschee dort befindet. Medina wird „Stadt des Propheten“ genannt bzw. „Haus des Friedens“. Medina gehört wie Mekka zum heiligen Gebiet, darf daher von Nichtmuslimen nicht betreten werden. Während der ganzen islamischen Geschichte war Medina ein wichtiges Zentrum islamischer Wissenschaft. Bis heute gibt es in ihren Mauern zahlreiche Ausbildungsstätten. Obwohl ein Aufsuchen Medinas kein Pflichtbestandteil der Wallfahrt ist – ihr Auslassen wird jedoch als unhöflich und beleidigend eingestuft –, pilgert die Mehrzahl der Frommen auch zur „Moschee des Propheten“.

Jerusalem ist die drittwichtigste „heilige Stadt“ des Islam. Nach der islamischen Eroberung (638) blieb es nur mit Unterbrechung der Kreuzfahrerzeit in islamischer Hand, der „heilige Bezirk“, bestehend aus dem „Felsendom“ – fälschlich Omar-Moschee genannt – und al-Aqsa-Moschee, auch nach der Entstehung des Staates Israel (1967). Früher befand sich auf dem Plateau in Jerusalem der 70 n. Chr. durch die Römer zerstörte jüdische Tempel. Auf dem heiligen Felsen, den Muslime als Stätte des Abraham-Opfers betrachten, wurde durch den Kalifen Umar eine schlichte Moschee errichtet. Erst der Umayyadenkalifen Abdalmalik errichtete 688 den Felsendom. Die Grundstruktur der al-Aqsa-Moschee ist nur wenig jünger als der Felsendom, und ihr Erbauer war der Kalif Walid, Sohn des Abdalmalik. Dieser Felsen wird auch mit der „Nachtreise" des Propheten „von der heiligen Kultstätte", gemeint ist Mekka, „zur entferntesten Kultstätte", gemeint ist wohl Jerusalem, in Verbindung gebracht. In der heute so genannten „Grotte der Propheten" wurde Mohammed von Abraham, Mose, Salomon, Jesus und anderen Propheten empfangen, und man verrichtete gemeinsam das Gebet. Die „Himmelsreise" wird mit der Ostseite des Harams in Verbindung gebracht, wo noch der Ring gezeigt wird, an dem Mohammed seine Stute Buraq angebunden haben soll, dieses Tier „größer als ein Esel und kleiner als ein Pferd mit Frauenkopf und Pfauenschweif". Von der „Nachtreise" ist die (nicht einhellig in Verbindung gebrachte) „Himmelsreise" Mohammeds zu unterscheiden, die am 27. Radschab, dem siebten islamischen Monat, gefeiert wird. Im Felsendom können die Besucher nicht nur den Fußabdruck sehen, den der Prophet vor Antritt seiner „Himmelsreise" hinterließ, sondern auch die sich in einem Reliquiar befindlichen drei Barthaare des Propheten. Bis heute ist Jerusalem Gegenstand des Zankes zwischen Juden und Arabern. Die Vorstellungen der Religionsgemeinschaften über den Status dieser Stadt gehen auseinander.

Buddhismus

Von den bedeutenden heiligen Städten des Buddhismus sollen nur die in Indien gelegenen historischen Orte der Wirksamkeit Siddharta Gautama Buddhas genannt werden. Darüber hinaus gibt es Orte, an denen bedeutende Dharma-Lehrer, lokale Förderer der Religion, Gründer-Äbte von Klöstern verehrt werden. Auch die Gründer der großen Schulrichtungen Theravada, Mahayana, Vajrayana sind mit bestimmten Orten verbunden.

Die wichtigsten Städte, in denen der historische Buddha wirkte, sind sein Geburtsort Lumbini, gelegen im heutigen Nepal, Kusinara (heute das unscheinbare Dorf Kasia), wo er starb. Seine Erwachung geschah unter dem Bodhi-Baum in der Nähe des Städtchens Uruvela, das heutige Bodh-Gaya. Zum ersten Mal setzte Buddha das Rad der Lehre im Wildpark

Isipatana, das heutige Sarnath, unweit der Metropole Varanasi in Bewegung.

Hinduismus

Zu den heiligen Stätten Hindu-Indiens zählen solche, die von allen Hindus verehrt werden, und solche, die von regionaler und lokaler Bedeutung sind. Der Hinduismus kennt sieben heilige Städte: Varanasi (Benares), Mathura (Krishnas Geburtsort), Ayodhya (Ramas Königreich), Hardwar (hier befindet sich ein steinerner Fußabdruck Vishnus; ebenfalls Zentrum der Shiva-Verehrung); Conjeeveram (Zentrum der Durga-Verehrung im Süden). Zu den populären Wallfahrtsorten gehört die nordindische Stadt Vrindaban, die Gott Vishnu bzw. seinem avatara („Herabstieg") Krishna geweiht ist. Jeder Hindu möchte wenigstens einmal im Leben zu einem der großen heiligen Plätze pilgern.

Die zu den bedeutendsten heiligen Städten zählende, in Nordindien gelegene Stadt Benares trägt wieder den alten Sanskrit-Namen Varanasi. Seit dem 7. Jh. begeben sich Hindus auf die Wallfahrt in diese heilige Stadt. Gewaltige Ströme von Menschen versammeln sich entlang des heiligen Flusses Ganges, wo Ghats (Ufertreppen) zum Wasser hinunterführen. Hindus glauben, dass sie durch das Eintauchen in den Ganges von ihren Sünden reingewaschen werden. Ein Hindu, der am Ganges stirbt und dessen Asche in den Fluss gestreut wird, darf umso sicherer auf Erlösung hoffen. Letztlich gilt jeder Fluss als heilig, wobei Quelle und Mündung ein Höchstmaß an Heiligkeit besitzen. Varanasi ist ein Zentrum der Shiva-Verehrung.

Weiterführende Literatur:

Mircea Eliade, Das Heilige und das Profane, Frankfurt a. M. 1990 (Neuauflage)

Petra Kieffer-Pülz, Die buddhistische Gemeinde. In: Heinz Bechert u. a., Der Buddhismus I. Der indische Buddhismus und seine Verzweigungen, Stuttgart 2000, S. 281ff.

Udo Tworuschka (Hg.), Heilige Stätten, Darmstadt 1994

10. Religiöse Autoritäten

Stifterpersonen

Jede Religion kennt Persönlichkeiten, die aus der Mehrheit der normalen Menschen herausgehoben und von den Gläubigen besonders geachtet, ja verehrt werden. Hierbei kann es sich um die Religionsstifter bzw. -gründer, um Heilige, Propheten, Gurus, Asketen, Lehrer usw. handeln. Gläubige Menschen reagieren oft empfindsam, wenn man ihre Gefühle für diese Vorbilder verletzt. Ähnliche Empfindsamkeiten kann man beobachten, wenn Idole aus dem Sport oder der Rock- und Popszene geschmäht oder kritisiert werden.

Wir sind durch unsere geschichtlichen Erfahrungen – vor allem durch den Führerkult im Dritten Reich – gegenüber unreflektierter Heldenverehrung und blindem Nacheifern von Personen skeptisch geworden, mag es sich um religiöse oder profane Persönlichkeiten handeln. Unser Umgang mit Vorbildern und Helden anderer Kulturen sollte jedoch taktvoll und behutsam sein, um Beleidigungen und verletzte Gefühle zu vermeiden. Trotzdem stoßen manche Eigenschaften oder Handlungen dieser fremden „Vorbilder" bei uns auf eine gewisse kritische Distanz oder sogar Ablehnung. Vor aller Kritik sollte jedoch zunächst der Versuch eines vorurteilslosen Kennenlernens der fremden Vorbilder stehen.

Mohammed

Mohammed wurde 570 in Mekka geboren. Er gehörte zum angesehenen Klan der Hashemiten (Banu Haschim) vom Stamme der Quraisch. Mekka war zu jener Zeit eine wichtige Handelsstadt und ein bedeutendes Wallfahrtszentrum. Mohammeds Vater Abdallah starb noch vor der Geburt des Sohnes, seine Mutter Amina, als er sechs Jahre alt war. Zwei Jahre wurde Mohammed von seinem Großvater Abdalmuttalib erzogen, bis ihn nach dessen Tod sein Onkel Abu Talib in seine Obhut nahm. In dieser Zeit hütete Mohammed zusammen mit anderen Jungen seines Alters die Herden des Stammes. Abu Talib bildete Mohammed zum Kaufmann aus.

Im Alter von 25 Jahren lernte Mohammed die wohlhabende Kaufmannswitwe Chadidja kennen, deren Handelsgeschäfte er zuverlässig wahrnahm. Sie bot ihm im Jahr 595 die Ehe an. Chadidja war 15 Jahre älter als Mohammed, der ihr immer tief zugeneigt war und, solange sie lebte, keine weitere Frau ehelichte. Chadidja gebar sieben Kinder, von denen nur eine Tochter, Fatima, länger am Leben blieb und selber Nachkommen hatte.

Um das Jahr 610 begann Mohammed, sich immer stärker mit religiösen Fragen zu beschäftigen. Er kritisierte heftig das unsoziale Verhalten der mekkanischen Kaufleute. Immer häufiger zog sich Mohammed zu einsamen Andachtsübungen auf den Berg Hira bei Mekka zurück. Dort erhielt er vom Engel Gabriel den Auftrag, seinen Landsleuten den einen barmherzigen Schöpfergott zu verkündigen. Angesichts des nahe bevorstehenden Gerichtes sollte Mohammed die Menschen zur Umkehr und einem besseren Lebenswandel bewegen.

Seine ersten Anhänger waren jüngere Leute – teils aus vornehmen, teils aus weniger einflussreichen Familien. Vor allem Angehörige der unteren sozialen Schichten, wie zum Beispiel Sklaven, beeindruckte Mohammed mit seinen Worten.

Die Botschaft Mohammeds ist der Islam, die vertrauensvolle Hingabe an den gütigen Gott. Derjenige, der sich Gott hingibt, ist ein Muslim (bzw. Moslem). Weitere wichtige Glaubensinhalte sind: das rituelle Pflichtgebet, Fasten und Freigebigkeit gegenüber den Armen. Nach Mohammeds Tod wurden seine Offenbarungen zusammengestellt und als Koran gesammelt.

Mohammeds Predigt bedrohte den Kult und die Wallfahrtsfeste, die sich um das Heiligtum der Kaaba konzentrierten und den führenden Familien wirtschaftliche Vorteile brachten. Seine Anhänger wurden daher beschimpft und verfolgt. Nur Mohammed selbst genoss den Schutz seines Onkels Abu Talib. Dieser stellte sich aus Gründen der Stammessolidarität vor ihn, obwohl er selber sich nie zu Mohammeds Botschaft bekannte.

Als der Widerstand in Mekka unerträglich wurde, fanden einige Anhänger Mohammeds zeitweise bei dem christlichen Herrscher in Abessinien Asyl. In der Zwischenzeit erlitt die muslimische Gemeinde in Mekka weitere Schikanen und Boykottmaßnahmen. Nach Abu Talibs Tod war selbst Mohammed nicht mehr sicher in Mekka. Es kam zu Verhandlungen mit Abgesandten aus der Stadt Yathrib (später Medina: Madinat an Nabi = „Stadt des Propheten"). Diese Abgesandten bekannten sich zu Mohammeds Botschaft und benötigten einen Schiedsrichter für ihre Stammesstreitigkeiten.

622 siedelte Mohammed mit seinen Getreuen nach Medina über. Dieses Jahr der Hidschra („Auswanderung", nicht Flucht) gilt bis heute als das Jahr eins der muslimischen Zeitrechnung.

623 erließ Mohammed die Gemeindeordnung von Medina, die sich mit Glaubensfragen und Problemen des sozialen Zusammenlebens der islamischen Umma beschäftigte. Die Mekkaner blieben weiter erbitterte Gegner. Im März 624 errangen die Verbündeten Mohammeds einen Sieg bei Badr, dem bald eine Niederlage bei Uhud folgte. Weitere kriegerische Auseinandersetzungen folgten, u. a. einer Belagerung Medinas. In Medina kam es teilweise zu Konflikten und Verfolgungen der dortigen jüdischen Bevölkerung: 624 wurde der Stamm der Qainuqa, 625 der Stamm Nadir vertrieben. 627 fanden die Männer des jüdischen Stammes Quraiza den Tod, weil man ihnen Verrat während der Grabenschlacht vorwarf. 628 wurde das Waffenstillstandsabkommen mit den Mekkanern in Hudaibiya geschlossen und die von Juden bewohnte Stadt Chaibar erobert. Im selben Jahr unternahm Mohammed vergeblich eine Wallfahrt in seine Heimatstadt Mekka. 630 kehrte Mohammed anlässlich eines Beduinenstreits nach Mekka zurück, wo ihm wenig Widerstand geleistet wurde. Die meisten Gegner behandelte Mohammed unerwartet milde. 632 starb Mohammed als Führer fast der gesamten arabischen Halbinsel. Der Islam ist nach dem Christentum die größte Weltreligion.

Mohammed verstand sich als Rasul Allah, als „Gesandter Gottes" und als sein Prophet. Er brachte den Menschen den Koran, so wie vor ihm andere Gesandte ihren jeweiligen Völkern heilige Schriften überbracht hatten: Mose den Juden die Tora, Jesus den Christen „das Evangelium". Mohammed betonte stets, nichts anderes zu sein als ein Mensch und Diener Gottes. Deshalb lehnen die Muslime die Bezeichnung „Mohammedaner" ab. Denn im Zentrum ihres Glaubens steht nicht der Mensch Mohammed, sondern der von ihm überbrachte Koran. In dieser heiligen Schrift stehen Verse, die auf Mohammeds überdurchschnittliche Rolle hinweisen. In Sure 21,107 heißt es, dass er als „Barmherzigkeit für die Welten gesandt wurde"; in Sure 33,56 ist davon die Rede, dass „Gott und die Engel ihn segnen"; in Sure 68,4 wird Mohammed als „von wahrhaft edler Natur" beschrieben.

Im Volksglauben entwickelte sich der Brauch, auch Mohammed anzubeten und ihn darum zu ersuchen, bei Gott Fürbitte einzulegen. Doch diese Form der Mohammedverehrung wurde von den muslimischen Theologen nie gutgeheißen.

Wie das Leben anderer Religionsstifter, so wurde auch Mohammeds Biographie nach seinem Tod von Legenden umrankt. Seine Geburt wird von Wunderzeichen begleitet: Der Palast des persischen Herrschers zittert. Ein wunderbares Licht dringt aus der Brust seiner Mutter bis zu den Schlössern Syriens. Ein See trocknet aus. Sterne neigen sich tief zur Erde. Während seiner Kindheit beschatten Engel den Propheten und reinigen sein Herz. Ein christlicher Mönch, dem der junge Mohammed auf einer Handelsreise begegnet, weissagt seine zukünftige Bedeutung. Mohammed übernimmt zu Lebzeiten auf dem geflügelten Fabeltier Buraq eine Nachtreise bis nach Jerusalem. Während der anschließenden Himmelsreise trifft er mit verschiedenen religiösen Persönlichkeiten der Vergangenheit zusammen. Als Höhepunkt der Reise gilt Mohammeds Begegnung mit Gott. Mohammed erreicht eine Verringerung der Pflichtgebete von ursprünglich fünfzig auf fünf.

Muslime verehren Mohammed sehr: So nennt man seinen Namen nie, ohne den Satz hinzuzufügen: „Möge Gott Wohlgefallen an ihm haben und ihn gesund erhalten." Man schwört bei seinem Namen, benennt gern die eigenen Kinder nach ihm. Eine Beleidigung des Propheten gilt als schweres Verbrechen. Die zum Teil dramatischen Auseinandersetzungen um Salman Rushdies Roman „Die Satanischen Verse" haben dies deutlich gezeigt.

Die Nachkommen des Propheten genießen besonderes Ansehen. Im schiitischen Islam muss das Oberhaupt der Gemeinde, der Imam, von Mohammed und seinen Nachfahren abstammen.

Bald nach Mohammeds Tod wurden seine Lebensweise und Aussprüche (Sunna) zur Richtschnur für die Gläubigen. Je weiter das „goldene Zeitalter" des Frühislam in die Vergangenheit rückte, desto mehr stieg das Interesse der Gläubigen, Mohammed in allen Einzelheiten genau nachzuahmen. Die Sunna gilt nach dem Koran als zweite Quelle in Glaubensfragen. Islamische Gelehrte haben mehrere so genannte Hadith-Sammlungen zusammengestellt. Ein Hadith ist ein von mehreren Gewährsleuten bestätigter Bericht über das, was Mohammed in einer bestimmten Situation gesagt oder getan hat. Mohammed wurde darüber hinaus in verschiedenen Bereichen als Vorbild und Lehrer empfunden.

Besondere Bedeutung besitzt Mohammed auch in der islamischen Mystik. Seine Himmelfahrt gilt als Vorbild für den inneren Aufstieg der menschlichen Seele zu Gott.

Besonderen Vorbildcharakter besitzt Mohammed auch im politischen Bereich. Er gilt als Ideal des gerechten Staatsoberhauptes in einer Zeit, als die Einheit der islamischen Gemeinschaft noch Wirklichkeit war. Manche Intellektuelle sehen Mohammed auch als Sozialreformer, als Verfechter einer gerechten Gesellschaftsordnung. Muslime in aller Welt werden aufgefordert, Mohammeds Beispiel nachzuahmen und sich für Benachteiligte einzusetzen, Unterdrückung und ungerechte Verhältnisse zu bekämpfen. Sie sollen politische Willkür und ungerechte Verteilung von Besitz ablehnen, sich aktiv für Brüderlichkeit und Solidarität einsetzen.

Die islamische Grundüberzeugung lautet: Unser Gott und der Gott der Christen ist ein und derselbe. Gott hat die Menschen gern. Zu allen Zeiten hat er Gesandte geschickt, die von seiner Freundlichkeit und Barmherzigkeit erzählt haben. Einer von ihnen war Jesus, den der Koran Isa nennt. Ihm werden außerordentliche Beschaffenheiten zugesprochen, die sonst in ihrer Gesamtheit im Koran keinem anderen Menschen, nicht einmal Mohammed, zugeschrieben werden – so der islamische Gelehrte und Dialog-Förderer Abdoldjavad Falaturi (1926–1996). Isas Mutter Maria gilt als reine Jungfrau, die Isa ohne Zutun eines Mannes sein Leben schenkt. Josef wird im Koran nicht erwähnt. Die koranischen Erzählungen von Maria erinnern an apokryphe Evangelien (zum Beispiel Protevangelium des Jakobus): Als Kind wird Maria in den Tempel gebracht, wächst dort unter priesterlicher Obhut auf. Sie gilt als von Gott „auserwählt" (3,42). Isa wird der demütigen Frau als „Wort von Gott" (3,45) angekündigt. Maria zieht sich vor ihren Verwandten zurück. Der Bote Gottes erscheint in menschlicher Gestalt, verkündet einen „lauteren Jungen" (19,19). Ohne mit einem Mann Verkehr gehabt zu haben, wächst der Knabe in ihrem Leib heran. Der Koran erwähnt weder den Aufenthalt der Familie Jesu in Ägypten noch Marias Tod. Islamische Legenden haben ihn jedoch ausgeschmückt: So soll Maria den Nachstellungen römischer Verfolger durch ein wundersames Öffnen der Erde entkommen sein. In den Wohnungen vieler Muslime finden sich Mariendarstellungen.

Siddharta Gautama, „der Buddha"

Buddha, Dhamma („Lehre") und Sangha („Gemeinschaft"): Zu diesen drei Größen nehmen Buddhisten ihre „Zuflucht". In ihrer Formel von der „dreifachen Zufluchtnahme", die sie dreimal hintereinander sprechen, drücken Buddhisten die Grundlagen ihres Glaubens aus.

„Ich nehme meine Zuflucht zu Buddha.
Ich nehme meine Zuflucht zum Dhamma.
Ich nehme meine Zuflucht zum Sangha."

Der Buddhismus ist eine gestiftete Religion. Sie geht auf eine historische Persönlichkeit zurück, die meist nur als Buddha (der „Erwachte, Erleuchtete") bekannt ist. Buddha ist kein Familienname, sondern ein Würdetitel, vergleichbar mit Christus („der Gesalbte"). Von Hause aus hieß er Siddhartha („erfüllter Wunsch") Gautama, wobei der Familienname „größter Stier", „Führer der Herde" bedeutet. Er wurde ca. 450 v. Chr. als Angehöriger des Shakya-Stammes im heute in Nepal gelegenen Lumbini als Sohn des wohlhabenden Provinzgouverneurs Suddhodana, der aus der Kriegerkaste stammte, geboren. Buddhas Wirkungsbereich war das „mittlere Land", wo die beiden rivalisierenden Königreiche Koshala und Maghada lagen. Es ist ein fruchtbares Gebiet mit intensivem Reisanbau und zunehmender Waldrodung. Zur Zeit Buddhas nahmen sowohl die Bevölkerungszahl als auch die Bevölkerungsdichte zu. Das Leben konzentrierte sich auf die sechs großen Städte. Religiös gesehen, dominierte die Opferreligion der Brahmanen. Im Volk waren magische Frömmigkeitsformen verbreitet. Daneben gab es eine auf kleine Zirkel beschränkte esoterische Philosophie. Die Buddhabewegung ist ein Teil dieser antibrahmanischen Alternativbewegung von Wanderlehrern. Sie umfasst unterschiedliche Richtungen, zum Beispiel die bis heute existierenden Jainas.

Siddhartha lebte in gutsituierten Verhältnissen. Mit 16 Jahren heiratete er, mit 29 bekam er seinen Sohn Rahula. Dann vollzog sich die entscheidende Wende in Siddharthas Leben: Eine Woche nach der Geburt Rahulas zog der zukünftige Buddha „aus der Heimat in die Heimatlosigkeit".

Auf vier Ausfahrten – so erzählt die Legende – begegneten Siddhartha der Reihe nach ein abgezehrter Greis und ein Kranker. Schließlich sah er einen Leichnam. Auf die Frage Siddharthas, ob nur diese konkreten Personen alt, krank bzw. tot sein können, antwortete sein Wagenlenker, dass es für niemanden davon einen Ausweg gebe. Auf der letzten Ausfahrt begegnete ihnen ein Bettelmönch. Er verkörperte das Ideal, dem Siddhartha nachstrebte. Nach altindischer Asketentradition rasierte Siddhartha Gautama Bart und Haupthaar, legte ein Fetzengewand an. Er verließ seine Familie, begann ein unstetes Wanderdasein. Er begab sich in die Schule mehrerer Lehrer, die ihm aber auf seinem spirituellen Weg nicht weiterhalfen. Er verließ die Gurus, übte sich sechs Jahre lang in härtester Askese. Die buddhistische Kunst stellt ihn in dieser Situation als einen bis zum Skelett abgemagerten Einsiedler dar. Während dieser Zeit schlossen sich ihm fünf Mitasketen an. Als Siddhartha nach sieben Jahren merkte, dass der entsagungsvolle Weg nicht zum Heil führte, beschritt er den „mittleren Weg". Er nahm wieder Nahrung zu sich, was seine Asketengefährten aber missbilligten. Während der ersten Vollmondnacht des Monats Vesakh (Mai) gelangte der 35-jährige Siddhartha nach einer tiefen Meditation unter einem Feigenbaum zur wahren Einsicht in das Wesen aller Dinge. Er erlangte bodhi, wurde dadurch zum Buddha. Seine erste öffentliche Predigt hielt Buddha in Sarnath, im Gazellenhain des heutigen Varanasi. Dort setzte er erstmalig das „Rad der Lehre" in Bewegung. Buddhas fünf Asketengefährten wurden nach anfänglichem Zögern schließlich so sehr von der neuen Heilslehre in Bann geschlagen, dass sie seine ersten Jünger wurden.

Mehr als 45 Jahre widmete Buddha sein Leben der Mission. Er predigte in Nordindien seine Lehre einem größeren Menschenkreis, gründete einen Mönchs- und später Nonnenorden. Nur während der jährlichen Regenperiode von Ende Juni bis Ende September zog er sich zurück, gönnte sich Ruhe. Er wurde von Königen und reichen Gönnern beherbergt, die Parks und Baulichkeiten für die junge Gemeinde stifteten. Buddha beeindruckte durch seinen untadeligen Charakter. Er strahlte Zuversicht und Erlösungsgewissheit aus. Sein kontemplatives Element wirkte bei Auseinandersetzungen ausgleichend. Er entzog sich spekulativen Lehrstreitigkeiten, die nicht zum Heil führten.

Buddha überredete niemanden zur Lehre, ja er warnte sogar vor voreiligen Übertritten zum Dhamma. Er besaß die Gabe, andere Menschen zur Einsicht zu führen, sie zu überzeugen. Je nachdem, welche Zuhörer er vor sich hatte, passte er seine Lehre ihrem Verständnis an. Einfacheren Gemütern zeigte er den Weg zu einer besseren Weiterverkörperung, den Anspruchsvollen dagegen den Weg zum Nirwana. Zu seinen Jüngern zählten einige Familienmitglieder, zum Beispiel sein Sohn Rahula, der Halbbruder Nanda, sein Neffe und Lieblingsjünger Ananda sowie entferntere Verwandte. Der Jüngerkreis war wie bei den anderen großen Religionsstiftern konzentrisch aufgebaut: Innerhalb der 16 (19) Jünger gab es neben den schon genannten zwei weitere Lieblingsjünger, Sariputta und Mahamoggalana. Darüber hinaus ist von 500 weiteren Jüngern zu lesen.

Der Buddha starb an den Folgen einer Ruhr im Alter von 80 Jahren so friedlich, wie er gelebt hatte und wie auch seine Gemeinde leben soll. Er hinterließ keinen Nachfolger, sondern verwies auf die „Lehre" und die „Gemeinde": „Wenn jemand, den Saum meines Mantels haltend, Schritt für Schritt hinter mir herginge, nicht aber meine Lehre befolgte, so wäre er meilenweit von mir entfernt; denn ein solcher sieht die Lehre nicht, und wer die Lehre nicht sieht, der sieht mich nicht. Wenn aber jemand meilenweit von mir entfernt wäre und meine Lehre befolgte, ein solcher sieht die Lehre, und wer die Lehre sieht, der sieht mich."

Buddhas letzte Worte sollen gelautet haben: „Wohlan denn, ihr Jünger, lasst euch gesagt sein: ‚Alle Erscheinungen sind vergänglich; kämpft unermüdlich!'." Buddha starb während einer tiefen Meditation und ging nach buddhistischem Glauben in das Nirwana ein. Eine Woche danach wurde sein Leichnam eingeäschert und die Asche verteilt. Die Empfänger seiner letzten Überreste setzten diese in Stupas bei.

Buddha im Glauben der Buddhisten

Das Leben des Buddha Shakyamuni („Weiser aus dem Shakya-Geschlecht") beginnt für Buddhisten nicht erst mit seiner Geburt, sondern in dem Augenblick, als der Bodhisattva, der zukünftige Buddha, im Tushita-Himmel beschließt, auf die Erde hinabzusteigen. Seine 40 Jahre alte Mutter Maya, eine besonders tugendsame Frau, träumt davon, dass der Bodhisattva in Gestalt eines kleinen weißen Elefanten in ihren Schoß eingeht. Ihre Schwangerschaft soll ohne die geringsten Beschwerden verlaufen sein. Die ältesten Texte wissen noch nichts von einer jungfräulichen Empfängnis. Erst jüngere Quellen berichten davon. Die Geburt wird als wundersames, schmerzloses Ereignis geschildert. Auch in der Natur geschehen Zeichen und Wunder: Himmlische Musikinstrumente erklingen, Bäume beginnen zu blühen, nirgendwo gibt es mehr Dunkelheit, alle Wesen empfinden körperliches und seelisches Glück, Krankheiten hören auf, Blinde können wieder sehen, Taube wieder hören, Arme erlangen Reichtum. In der Tierwelt hören die Leiden auf. Die Geburt des zukünftigen Buddha kündigt den Beginn einer heilvollen Zeit an. Die Jatakas, die „Geburtsgeschichten", d. h. Geschichten aus früheren Geburten des Buddha, erzählen von einstigen Daseinsformen des Bodhisattvas, seiner Anhänger und Widersacher. Sie enthalten zum Teil Volksmärchen aus vorbuddhistischer Zeit. Die 547 Geschichten demonstrieren die Auswirkungen des Karma-Gesetzes. Die oft von Buddha selbst vorgetragenen Geschichten stellen ihn in verschiedenen Daseinsformen vor, zum Beispiel als Prinz, Gottheit, Löwe, Hirsch. In einer Jataka wirft Buddha sich selbst einer Tigerin und ihren verhungernden Jungen zum Fraße vor.

Eine bemerkenswerte Parallele zur Simeon-Geschichte im Lukasevangelium (2,25ff.) ist die Erzählung von der Ankündigung des Sehers Asita (a-sita = „nicht weiß, dunkel"). Er war ein Asket und besaß visionäre Fähigkeiten. Als er von der Geburt des zukünftigen Buddhas erfuhr, eilte Asita zum Hof des Provinzgouverneurs, um sich den Erlöser anzusehen. Asita nahm das Buddhakind in den Arm. Er vergoss aber im Unterschied zum getrösteten Simeon Tränen, weil er schon vor der Heilsverkündung des Buddha sterben, also nicht mehr das Heil, die Befreiung aus dem Geburtenkreislauf, erleben wird.

Im Zusammenhang mit dem Bodhi-Erlebnis siedeln buddhistische Erzähler die Versuchung des Buddha durch den Teufel Mara („derjenige, der tötet") an. Mara ist der Repräsentant der „Welt", die Buddha ja gerade überwinden will. Mara bedroht Buddha – erfolglos – u. a. durch eine Vielzahl schrecklicher Teufel, seine verführerischen Töchter.

Wie Empfängnis und Geburt, so wird auch sein Tod wunderhaft umrahmt: Bäume blühen zur Unzeit, Blüten fallen vom Himmel herab und bedecken den Leichnam, himmlische Musik erklingt, Erdbeben und Blitze lassen die Menschen erschaudern.

Kleines Lexikon der religiösen Autoritätspersonen

Christentum

Abt/Äbtissin: Der Vorsteher eines Männerklosters wird Abt genannt. Dieses Wort stammt von dem aramäischen Wort Abba und bedeutet Vater. Die Vorsteherin eines Nonnenklosters heißt Äbtissin. Ein Kloster ist ein Haus, in dem Mönche oder Nonnen leben. Das Wort leitet sich vom lateinischen claustrum („verschlossener Raum") her. Viele Klöster wurden von christlichen Orden gegründet. Zum Kloster gehören oft eine Kirche, zahlreiche Nebengebäude und Landwirtschaft, so dass ein Kloster eine abgeschlossene Gemeinschaft sein kann, in der man für sich lebt und arbeitet.

Bischof: Leiter eines Kirchenbezirks. In der evangelischen Kirche leitet der Bischof eine Landeskirche, in der katholischen Kirche eine Diözese.

Erzbischof: Seit dem 4. Jh. in der Ostkirche Bezeichnung für Inhaber der bedeutendsten Bischofssitze. Seit dem 8. Jh. in der Westkirche Begriff für den 1. Bischof (Metropolit) einer Kirchenprovinz. Ihm unterstehen die übrigen Bischöfe. Erzbischöfe gibt es heute außer im römischen Katholizismus nur noch in der anglikanischen sowie in einigen lutherischen Kirchen Skandinaviens und des Baltikums.

Papst (griech. pappos: „Vater"): Oberhaupt der römisch-katholischen Kirche mit Sitz im Vatikan (Rom). Der Papst wird von den Kardinälen gewählt. Nach römisch-katholischem Verständnis ist der Papst Nachfolger des Apostels Petrus und Stellvertreter Christi. Er hat die volle und oberste Leitungsgewalt über die Kirche. Der Papst wird von Katholiken mit dem Ehrentitel „Heiliger Vater" angesprochen.

Pastor: Titel für einen Geistlichen in der christlichen Kirche. Das Wort kommt aus dem Lateinischen und bedeutet „Hirte".

Pfarrer/Pfarrerin: Nach evangelischem Kirchenrecht der ordentliche Inhaber eines Pfarramts. Ein Pfarrer ist in erster Linie mit der Ausübung der Seelsorge beschäftigt, durch Wortverkündigung in Predigt und Katechese, Gottesdienst, Sakramentenverwaltung, Krankenseelsorge, Armenfürsorge. Pfarrer werden im Ordinationsgottesdienst berufen. Sie verpflichten sich, das Evangelium gemäß der Heiligen Schrift und dem Bekenntnis zu verkündigen und die Sakramente zu verwalten. In den meisten evangelischen Landeskirchen werden auch Frauen zum Pfarramt ordiniert.

Judentum

Rabbiner (hebr. „Meister", „Mein Meister"): Ursprünglich Titel autorisierter jüdischer Gelehrter und Vorsteher von Lehrhäusern, in denen die Toraschüler in der Auslegung der Heiligen Schrift unterrichtet wurden. Der Rabbiner wird von der Gemeinde für einen bestimmten Zeitraum gewählt. Er muss eine schriftliche Urkunde eines Rabbinerseminars besitzen und den Titel Morenu („unser Lehrer") tragen. Ursprünglich war Rabbi der Titel jüdischer Gelehrter und Vorsteher von Lehrhäusern. Der Plural dieser Bezeichnung lautet Rabbinen. Während früher die Richtertätigkeit des Rabbiners im Vordergrund stand, sind ihm im Laufe der Zeit folgende Aufgaben zugewachsen: Er lehrt, predigt, ist Fachmann im jüdischen Recht. Er leitet die Gemeinde, übernimmt seelsorgerliche Aufgaben.

Vorbeter: Er hat die wichtigste Aufgabe im synagogalen Gottesdienst, spricht die Gebete im Wechsel mit der Gemeinde, liest aus der Tora. In größeren Gemeinden wird sein Amt vom „Kantor" (Chasan) oder Rabbiner wahrgenommen.

Islam

Ayatollah („Zeichen Gottes"): Mit diesem höchsten Ehrentitel bezeichnen die Schiiten besonders verdienstvolle Theologen. Ayatollah ist ein Würdetitel für hoch qualifizierte Theologen, die den Rang eines Mudschtahids bekleiden. Die Gläubigen verehren glühend „ihren" Ayatollah, lassen sich gerade von ihm besonders leiten. Es gibt keinerlei Institutionen, die den Ayatollah-Titel formal verleihen könnten. Es ist allerdings notwendig, dass die übrigen Mudschtahids den Ayatollah „anerkennen". In neuerer Zeit tragen den ruhmvollen Titel auch solche Personen, die nach klassischem Verständnis kein Anrecht darauf gehabt hätten. Ein schiitischer Ayatollah kann für den Gesamtislam keine verbindlichen Aussagen und Entscheidungen treffen, im Grunde nicht einmal für alle Schiiten. Dennoch führte die Popularität des Imams Khomeini dazu, dass seine Äußerungen – zumindest gefühlsmäßig – für viele nichtiranische, sunnitische Muslime eine Geltung besaßen, die ihnen theologisch gar nicht zukam.

Hodscha: Türkische Bezeichnung für einen an einer Medrese („Schule") ausgebildeten Geistlichen. Auch Religionslehrer werden so genannt.

Imam: Bei den Sunniten der Vorbeter beim rituellen Gemeinschaftsgebet. Er sorgt dafür, dass die Betenden die verschiedenen Gebetsabschnitte möglichst gemeinsam ausführen. Er trägt keine bestimmte Amtstracht, noch irgendein besonderes Abzeichen. Er benötigt auch keine spezielle Berufsausbildung, es sei denn, er ist an einer größeren Moschee beschäftigt. Dort wird darauf geachtet, dass der Imam eine juristische und theologische Ausbildung genossen hat. Der Imam muss über ausreichende Arabischkenntnisse verfügen. Imame großer Moscheen haben über die Aufgabe des Vorbetens hinaus noch andere Pflichten im religiösen und rechtlichen Bereich. Sie erhalten dafür im Unterschied zum bloßen Vorbeter ein Gehalt.

Der Titel Imam kann auch das geistige Oberhaupt von Richtungen oder Schulen bezeichnen. Bei den Schiiten entspricht er dem sunnitischen Kalifen als oberster Leiter der Gemeinde. Der Imam bei den Schiiten muss Nachkomme Alis sein.

Kadi („Richter"): Er ist an die Rechtsgutachten gebunden und mit der islamischen Rechtsprechung vertraut. In der Rechtsprechung der heutigen arabischen Länder werden die Kadis meist vom Staat beauftragt.

Khatib („Prediger, Redner"): Er hält die Freitagspredigt in der Moschee. Im frühen Islam war er oft eine bedeutende politische Persönlichkeit. Große Moscheen haben mehrere Khatibs, die häufig ein besonderes Ansehen genießen.

Muallim: Lehrer an einer Koranschule.

Mudschtahid: Diejenige Gelehrtenautorität, die theologische und juristische Fragen selbständig entscheidet, d. h. den Idschtihad ausübt. Manche wissenschaftlich hervorragenden, ethischvorbildlichen und frommen Mudschtahids genießen oft einen solchen Ruf, dass sie Marja i-Taqlid („oberste theologische Autorität") werden. Solchen theologischen Berühmtheiten wird der Ehrentitel Ayatollah vom Volk gleichsam angetragen.

Mufti: Gelehrter, der in „Rechtsgutachten" (Fetwa) Fragen religiös-rechtlicher Natur behandelt. Das bereits im 8. Jh. gegründete Amt erreichte zur Zeit der Osmanen eine solche Autorität, dass europäische Reisende es als „türkisches Papsttum" beschrieben. Die an einen Mufti gerichteteten Fragen sind weniger theologisch-theoretischer Natur, sondern im wesentlichen praktische Alltagsfragen. Heute hat jedes islamische Land eigene Muftis. Im Libanon ist der „Mufti der Republik" Vorsteher der islamischen Glaubensgemeinschaft.

Mullah: Titel des rangniedrigsten Geistlichen bei den Schiiten. Er ist zum Teil mit unserem Gemeindepfarrer vergleichbar.

Hinduismus

Brahmane: Angehöriger des höchsten Geburtsstandes (Kaste) und derjenige Mensch, der dem obersten göttlichen Prinzip (Brahman) am nächsten steht. Um Priester sein zu können, muss man Brahmane sein.

Guru: Der Sanskritbegriff bedeutet ursprünglich eine Eigenschaft: „schwer, gewichtig, verehrungswürdig". Auf Menschen übertragen, könnte er den verehrungswürdigen Vater bzw. auch die Mutter meinen. In den Upanishaden steht Guru für den religiösen Lehrer, den Meister, der in die heilige Tradition einführt und mit eigener Erfahrung verbindet. Er ist „Seelenführer" (Friso Melzer), Weisheitslehrer. Er legt nicht nur die heiligen Texte aus, sondern führt den Schüler aufgrund eigener Erfahrung zur inneren Reifung und zur Erkenntnis des in ihm anwesenden Göttlichen. Der Guru früherer Zeiten suchte sich seine Schüler selbst aus, lief ihnen aber nicht wie einige moderne Gurus hinterher. In der Darshan-Übung schaut der Schüler seinen Guru an, ist schweigend mit ihm verbunden, erkennt in ihm das Göttliche.

Pandit: Aus der Brahmanenkaste stammender Priester. Die wenigsten Brahmanen werden heute Pandit. Der Pandit ist ein Kenner der vedischen Texte, er weiß auch große Teile der Epen auswendig. Sein gelehrtes Sanskrit-Wissen befähigt ihn, die heiligen Texte verbindlich auszulegen. Der Pandit hat nicht nur priesterliche Funktionen im Tempel, sondern auch unterweisende Aufgaben.

Sadhu (Sanskrit: der „Arme"): Bedeutungsgleich mit Samnyasin. Das arabische Wort für Sadhu ist Fakir, das persische lautet Derwisch.

Samnyasin: Bezeichnung für einen Wandermönch, der auf der vierten Lebensstufe allem entsagt hat. Ohne festen Wohnsitz zieht er arm durch das Land. Der Samnyasin trägt das orangefarbige Gewand der vollkommenen Entsagung. Er befindet sich außerhalb aller Ordnungen, auch des Kastensystems. Er wird auch Sadhu genannt.

Sri: Ehrentitel, der im Unterschied zu Swami verrät, dass der Betreffende „nicht in einer anerkannten Guru-Tradition steht und ohne Legitimierung durch eine solche wirkt" (Reinhard Hummel).

Swami (wörtlich „Herr, Meister"): Titel eines Samnyasins oder Yogis, der einem bestimmten religiösen Orden vorsteht. Swami wird oft als Titel für einen Guru oder ein Ordensoberhaupt gebraucht.

Yogi(n): Für heilig gehaltene Person, die durch Yoga Erleuchtung erlangt hat.

Buddhismus

Acarya: Titel eines buddhistischen Mönchs oder Lehrers.

Bhikkhu (pa., skt. Bhikshu: Mönch, Bettler): Männliches Mitglied des buddhistischen Ordens.

Bhikkhuni (pa., skt. Bhikshuni: Nonne): Weibliches Mitglied des buddhistischen Ordens.

Samanera: Entspricht im christlichen Mönchswesen dem Novizen. Er bemüht sich, ein Vollmitglied im buddhistischen Orden zu werden.

Thera (Ältester): Bezeichnung für einen älteren Mönch (Bhikku) entweder aufgrund seines Alters oder seiner Würdigkeit. Theri ist die weibliche Bezeichnung.

Weiterführende Literatur:

Peter Antes, Große Religionsstifter, München 1992
Gustav Mensching, Leben und Legende der Religionsstifter, hg. von Peter Parusel, Augsburg 1990 (Neudruck der Ausgabe von 1955)
Monika Tworuschka, Mohammed, Die Geschichte des Propheten, Düsseldorf 2000 (Jugendroman)

Dritter Teil

11. Die Frage nach der Wahrheit

Ernst Benz, der frühere Marburger Kirchenhistoriker und gute Kenner der Religionsgeschichte, bemerkte einmal: „Die großen Frommen aller Religionen, die über das Verhältnis der Religionen zueinander und über ihr Verhältnis zu der einen Wahrheit nachgedacht haben, haben ihre Erkenntnisse nicht in abstrakten Begriffen, sondern in Bildern und Gleichnissen ausgedrückt." Im Folgenden stelle ich einige berühmt gewordene Bildworte vor.

„Ein und derselbe Mond spiegelt sich
In allen Wassern.
Alle Monde im Wasser
Sind eins in dem einen einzigen Mond."

Dieses Bildwort aus dem japanischen Zen-Buddhismus deutet die Religionen als verschiedene Gewässer, in die ein und derselbe Mond hineinscheint. Das Gleichnis ebnet die Unterschiede der einzelnen Religionstraditionen nicht etwa ein; denn die Gewässer, die den Mond reflektieren, sind jeweils sehr unterschiedlich. Aber es ist dieselbe Quelle des Heils, die sich in den irdischen Medien von verschiedener Reinheit und Reflexionsreichtum widerspiegelt. Das Motiv des Mondes und der Gewässer ist nicht auf den Zen-Buddhismus beschränkt. Auch andere buddhistische Schulrichtungen überliefern es. Manche Versionen unterstreichen stärker die Verschiedenheit und die unterschiedliche Wertigkeit der einzelnen Religionen – auch wenn sie ein und derselben Quelle entspringen. Ostasiatische Buddhisten, vor allem in Tibet, Korea, Japan und China, verehren Avalokiteshvara. Man stellt sich diesen himmlischen Bodhisattva der Gnade und Barmherzigkeit männlich oder weiblich vor. Abgebildet wird er mit tausend Armen, die seine nicht enden wollende Arbeit für die Menschheit symbolisieren: „Wie das reine Licht des Mondes in jedem Wasser auf Erden sich widerspiegelt, sei es die schmutzige Regenpfütze oder der kristallklare Bergsee oder das unendliche Meer, so offenbart sich auch die ewige göttliche Barmherzigkeit in allen Religionen, in den niedersten wie in den höchsten."

Der für seine Bildworte berühmte Ramakrishna (1836–1886) wurde von seinen Anhängern als Guru verehrt, galt als Avatar, als ein vom Himmel „Herabgestiegener", sogar als Deva („Gottheit"). Er habe alle Religionen selbst erprobt, sagte Ramakrishna von sich. Der glühende Verehrer der Hindugöttin Kali vertiefte sich in Christentum und Islam. Dabei wurden ihm mystische Erfahrungen mit den Hindugottheiten Rama und Krishna sowie mit Jesus, Maria und Mohammed zuteil. Die Religionen sind für Ramakrishna nicht alle gleich und eins. Sie weisen auf die Vielgestaltigkeit Gottes hin. In immer neuen Bildern drückt Ramakrishna seine Erkenntnis aus: Gott hört alle Menschen, kein Lebewesen ist von ihm verlassen. Eines seiner Bildworte vergleicht das Göttliche mit einem Chamäleon. Zwei Menschen streiten sich über die Farbe dieses Tieres. Der eine hält es für rot, dem anderen erscheint es blau: Da keiner seine Meinung beweisen konnte, gingen sie zusammen zu einem Menschen, der unter jenem Baum lebte und lange beobachtet hatte, wie das Chamäleon seine Farbe beständig wechselt. Einer der Streitenden sagte: „Ist nicht das Chamäleon auf jenem Baume rot?" Der Mann: „Ja, Herr." Der andere Streitende sagte: „Was? Wie ist das möglich? Bestimmt ist es nicht rot, sondern blau!" Der Mann gab demütig zur Antwort: „Ja, Herr, es ist blau." Er wusste, dass das Chamäleon beständig die Farbe wechselt, deshalb beantwortete er beide Fragen mit „Ja". So ist auch das Göttliche verschieden gestaltet. Der Fromme, der es nur in einer Gestalt sah, kennt allein diese. Nur wer es in vielfältiger Gestalt sah, kann sagen: „All diese Formen sind die *eines* Gottes, *denn vielgestaltig ist Gott!"*

Andere Denkerinnen, zum Beispiel die im Umkreis Mahatma Gandhis mitstreitende Dichterin und Frauenrechtlerin Sarojini Naidu, vergleichen die Religionen mit den Farben eines Edelsteins: „Drehe ihn nach der einen Seite, so siehst du Blau, drehe ihn nach der anderen Seite, so siehst du Rosa, drehe ihn noch einmal, und du schaust das Grün des Grases auf dem Felde."

Die verschiedenen Religionen sind Farbspiegelungen ein und desselben Edelsteins. Ernst Benz macht auf einen interessanten Unterschied zu anderen ähnlichen Gleichnissen aufmerksam: „Dieses Gleichnis unterscheidet sich insofern, als dieselbe göttliche Wahrheit nicht nur verschiedenen Gläubigen verschiedener Zeiten und Völker, sondern auch demselben Gläubigen in verschiedenen Farben erscheinen kann, derselbe Gläubige also dieselbe Heilswahrheit in den verschiedenen Aspekten der verschiedenen Religionen wahrnehmen kann. So umschließt das (...) Gleichnis durchaus die Möglichkeit, dass ein und derselbe Gläubige dasselbe göttliche Licht in Christus wie in Buddha wie in Mahavira schauen kann."

Oft begreifen die Religionen einander als Wege oder Pfade zu einem Heilsziel: Viele Wege führen zum Heil – sagen die einen. Nur die eigene Religion lasse den Gipfel erreichen, urteilen die anderen. Ramakrishna vertritt ein religionspluralistisches Modell: „Wie man mittels einer Leiter oder eines Bambusstabes oder einer Treppe oder eines Seils auf das Dach eines Hauses gelangen kann, ebenso verschieden sind die Wege und Mittel, Gott zu erreichen, und jede Religion der Welt zeigt einen dieser Wege."

Auch der japanische Christ Toyohiko Kagawa (1888–1960) sprach von den vielen Wegen zum heiligen Berg Fujisan – im Westen bekannter als Fujiyama. Der mühsame Aufstieg zum Fuji besteht aus zehn Stationen. Kagawa ordnet die unterschiedliche Heilsfähigkeit der einzelnen Religionen jeweils bestimmten Stationen zu. Nicht alle Religionen führen zum Gipfel hinauf. Kagawa prüft nicht nur die großen Weltreligionen, sondern auch japanische Neureligionen wie zum Beispiel Omoto-kyo und Tenri-kyo: „Buddhismus, Omoto, Tenri oder

der Islam, alle diese Religionen sind gut. Alle enthalten Wahrheit und Führung, doch machen einige schon an der sechsten Raststation am Bergeshang Halt, einige an der vierten, und einige werden schon müde und rasten, ehe sie noch am ersten Rastplatz vorüber sind. Manche rasten an dem zweiten, und manche erreichen nur den dritten. Der Buddhismus mag uns bis zum neunten Rastplatz bringen, aber weil er dort Rast macht, wähle ich nicht den Buddhismus, sondern das Christentum; denn ich wollte bis zum Gipfel klimmen."

Im Judentum spielt der Begriff Halakha, das sich der göttlichen Gnade verdankende Gesetz, eine bedeutsame Rolle. Halakha bedeutet im rabbinischen Judentum gehen, wandern, Weg. Der nomadische Hintergrund der israelitischen Kultur macht verständlich, warum das Judentum Begriffe bevorzugt, die mit der Orientierung im Raum, mit menschlicher Mobilität zu tun haben. Nomadische Kulturen leben vom Gehen und Umherziehen auf Wegen und Pfaden. Daher wird das menschliche Leben als Weg oder Wanderung gesehen. Auch die Beziehung des Judentums zu anderen Religionen wird in Weg-Gleichnissen beschrieben. Salomo Ben Jehuda Ibn Gabirol (um 1020–1057/58), der bedeutende spanisch-jüdische Philosoph, vergleicht im 8. Canto seiner „Königskrone" die Anhänger der verschiedenen Religionen mit Pilgern. Sie alle sind von dem aufrichtigen Wunsch durchdrungen, Gott zu erreichen. Alle beschreiten sie den „Königsweg" zum Königspalast. Doch sie geraten auf Abwege, straucheln. Und gehen in die Irre:

Du bist Gott, alle Gebilde sind Deine Knechte und Diener.
Deine Ehre leidet nicht Mangel
durch die Schar der Götzendiener
denn alle wollen zu Dir gelangen.
Aber gleich Blinden, die zum König hinstreben,
irren sie vom Wege ab.
Der eine versinkt in verderblicher Grube,
der andere fällt in die Falle.
Alle meinen, sie hätten ihr Ziel erreicht –
und haben sich umsonst bemüht!

Deine Knechte aber sind Sehenden gleich,
die auf rechtem Wege wandeln,
weichen vom Weg nicht nach links oder rechts,
bis sie an den Hof des Königs gelangen.

Richtiger Weg, rechte Leitung, „Rechtleitung" ist ein Grundthema des Korans. Bereits die erste Sure schlägt es an. Der Islam versteht sich als eine Weg-Religion, und die Muslime sind nach ihrem eigenen Selbstverständnis die Rechtgeleiteten. Die erste Sure des Korans unterscheidet drei Gruppen von Menschen: die Rechtgeleiteten, die Zornesgruppe und die Gruppe der Irrgänger. Die Gruppen sind in der islamischen Auslegungsgeschichte immer wieder anders gedeutet worden. Islamische Kommentatoren haben die erwähnten Gruppen jeweils mit den Muslimen, den Juden und Christen identifiziert. Auch im Streit zwischen Sunniten und Schiiten ist mit der Sura al-Fatiha argumentiert worden.

In der berühmten Ringparabel aus Lessings Drama „Nathan der Weise" (3. Aufzug, 7. Auftritt) beschäftigt sich der Sultan Saladin mit der Frage, welche der drei Religionen – Judentum, Islam, Christentum – die wahre und richtige sei. Der Jude Nathan beantwortet Saladins Frage mit einer Parabel:

Vor langer Zeit lebte in einem fernen Land ein Mann, dem ein Freund einen Ring von unschätzbarem Wert geschenkt hatte, der zudem noch die Gabe besaß, den, der ihn trug, bei Gott und allen Menschen beliebt zu machen.

Der Mann beschloss, dass nach seinem Tod sein Lieblingssohn den Ring bekommen sollte und ihn seinerseits dem Sohn weitergeben sollte, den er am meisten liebte. Und dieser sollte oberster Herr im Haus sein. So wanderte der Ring von Sohn zu Sohn und kam endlich zu einem Mann, der drei Söhne besaß, die er gleichermaßen liebte.

Als der Vater spürte, dass sein Tod herannahte, sandte er zu einem Künstler und bestellte zwei weitere Ringe, die vollkommen gleich aussehen sollten. Und als dieser dem Vater die beiden neuen Ringe brachte, glichen sie dem Musterring so vollkommen, dass nicht einmal der Vater sie auseinander halten konnte.

Als seine letzte Stunde kam, bestellte der Vater die Söhne zu sich und gab jedem einen Ring.

Kaum war der Vater tot, entbrannte unter den Brüdern ein Streit; denn jeder Sohn wollte mit seinem Ring oberster Herr im Haus sein. Schließlich brachten die Brüder die Sache vor den Richter. Dieser sprach: „Soweit ich weiß, besitzt der Ring die Kraft, seinen Besitzer bei Gott und den Menschen beliebt zu machen. Wen von euch lieben die Menschen am meisten?" Die Brüder schwiegen verlegen.

Der Richter aber sagte: „Wenn jeder nur sich selber liebt, sind eure drei Ringe alle nicht echt. Vielleicht ging der echte Ring verloren oder wurde zerstört. Vielleicht wollte der Vater auch die Tyrannei nur eines Ringes nicht länger ertragen. So geht nun hin und sorgt dafür, dass Gott und alle Menschen euch so lieben, als hättet ihr den echten Ring. Seid sanftmütig, verträglich, barmherzig und fromm." Damit entließ er die Brüder.

Eine weitere Geschichte führt uns nach Nordindien, an die Grenze zum heutigen Nepal. Wir befinden uns in Savatthi, der stark befestigten Hauptstadt eines Bezirkskönigs. Es ist eine brodelnde Metropole, berühmt und beneidet wegen ihrer reichen Kaufleute. Basarstraßen für Töpfer und Weber, Köche, Juweliere und andere Zünfte durchziehen die Stadt. An der einen Ecke werden Schauringkämpfe ausgetragen, an der anderen führt eine Truppe Buntgewandeter Tänze auf. Schauspiele werden dargeboten. Aus Trinkstuben dringt Lärm auf die Straßen und Gassen. Freudenmädchen locken Kunden an. Savatthi ist auch ein geistig anregendes Zentrum: Brahmanen, die Repräsentanten des obersten Hindu-Geburtsstandes, und Vertreter alternativer Religionsausrichtungen werben für ihre Ansichten. Wir treffen auf Siddharta Gautama, den man seit einiger Zeit schon Buddha nennt, den „Erwachten". In Savatthi hat er eine feste Bleibe für sich und seine Mönche: den beschaulich gelegenen Jeta-Hain des Kaufmanns Anathapindika. Wir wissen nicht das Jahr, in dem sich die folgende Begebenheit abspielt. Allenfalls das Jahrhundert: das 5., vielleicht auch das 4. vor unserer Zeit. Aber die Jahreszeit lässt sich genauer bestimmen: Es muss zwischen Juni und September sein, die Zeit der Monsunregen. Während dieser Monate ziehen Buddha und seine Jünger nicht mehr lehrend und verkündigend umher. Sie beziehen ein festes Quartier, ruhen aus von den Strapazen der Straßen und Wege.

Die Buddha-Bewegung ist Teil der in sich vielfältigen antibrahmanischen Alternativbewegungen. Ihre Vertreter kritisieren auf das Schärfste die überkommene Opferpraxis und das Kastensystem. Für den „Erwachten" sind diese anderen Wanderlehrer aber nur Repräsentanten einer ganz und gar nutzlosen, nicht zum Heil führenden Philosophie:

„Und diese zänkischen, hadernden, in Streitrede geratenen Leute" – so heißt es im Text – „schlugen und verletzten sich gegenseitig mit scharfen Worten: ‚So ist die Wahrheit, die Wahrheit ist nicht so; nicht so ist die Wahrheit, die Wahrheit ist so'."

In dieser Situation bitten Buddhas Mönche den „Erwachten" um intellektuelle Hilfestellung. Und der Buddha hält eine berühmte Lehrrede. Er kleidet seine Antwort in die „Geschichte von den Blindgeborenen und dem Elefanten". Vom Text her handelt es sich um eine *Parabel.* Im Unterschied zum Gleichnis wird nämlich kein Ablauf geschildert, „der in der natürlichen oder sozialen Lebenswelt regulär und immer wieder vorkommt", sondern etwas Ungewöhnliches. Die Geschichte ist frei erfunden, kommt in der Wirklichkeit so typischerweise nicht vor. Zu den Akteuren gehören in der Reihenfolge ihres Auftretens: ein König, sein Diener, alle Blindgeborenen von Savatthi – sowie ein Elefant.

Ein König beauftragt seinen Diener, alle Blindgeborenen der Stadt zusammenzubringen und ihnen einen Elefanten zu zeigen. Jedem Blindgeborenen zeigt er einen anderen Körperteil: Kopf, Ohr, Zahn, Rüssel, Rumpf, Fuß, Hinterteil, Schwanz – schließlich das behaarte Schwanzende. Der König fordert die Blindgeborenen auf: „Sagt, ihr Blindgeborenen, wie ist denn ein Elefant?" Jeder der Gefragten beschreibt den Elefanten nach dem Teil, das er ertastet hat. Zwei Beispiele:

„Die unter den Blindgeborenen, ihr Mönche, welche sich den Kopf des Elefanten angesehen hatten, sagten: ‚Majestät, wie ein Kessel ist ein Elefant.' Die unter den Blindgeborenen, ihr Mönche, die sich das behaarte Schwanzende des Elefanten angesehen hatten, sagten: ‚Majestät, wie ein Besen ist ein Elefant.' Schließlich geraten sie in Streit: „Und unter dem Geschrei: ‚So ist ein Elefant, ein Elefant ist so', wurden sie mit den Fäusten gegenseitig handgemein." Nachdem Buddha die Parabel erzählt hat, wendet er sie auf die aktuelle Situation an: „Genauso, ihr Mönche, verhält es sich mit den Wanderasketen verschiedener Richtungen. Blind und augenlos erkennen sie nicht, worauf es ankommt und worauf es nicht ankommt; sie erkennen nicht die Wahrheit und was nicht die Wahrheit ist. Da tat der Erhabene, nachdem er erkannt, was dies zu bedeuten hatte, bei jener Gelegenheit folgenden feierlichen Ausspruch: ‚So hört man es: Es klammern sich manche Asketen und Brahmanen an diese Dinge; es streiten sich und geraten in Widerrede die Menschen, die nur einen Teil sehen'."

Buddhas Anliegen ist die Befreiung des Menschen aus seiner „existentiellen und generellen Unheilssituation". So hat Gustav Mensching die buddhistische Ursünde, dukkha, das „Leiden", genannt. Mögen die Fragen nach Anfang und Ende der Welt wohl interessant sein, so bringen sie den Leidenden nicht einen Millimeter aus seiner Unheilssituation heraus. Sie führen ihn stattdessen nur noch tiefer in die fundamentale Misere hinein. Die Vertreter der verschiedenen Richtungen sind alle von Geburt an blind. Der einzig Sehende ist der König, also Buddha. Der „Allwissende" hatte keinen Lehrer. Er verdankte seine Erkenntnis dem eigenen Erwachen. Die Erzählung endet zynisch. Der Herrscher amüsiert sich königlich über die aufeinander einprügelnden Blindgeborenen. Buddhistische Interpreten lesen die Geschichte von den „Blindgeborenen" und ihren Erkenntnisleistungen her, nicht aber vom Elefanten. Buddha vertritt einen unüberhörbaren Absolutheitsanspruch: Nur er sieht, alle anderen sind blind. Nur seine Lehre führt zum Heil, alle übrigen sind nutzlos. Buddha geht es in erster Linie darum, dass die Erkenntnis der immer schon Blinden nur unvollkommen bleibt.

Mehrere Religionstraditionen haben das Sujet von den Blindgeborenen und dem Elefanten aufgenommen. Wir können die Spur des Elefanten im Jainismus und in einigen Hindu-Traditionen verfolgen. Auch in der islamischen Mystik und im Christentum ist sie belegt. Die Geschichte ist in unterschiedlichen Textsorten überliefert: als Gleichnis, Parabel und Beispielgeschichte, als Fabel, Märchen und Karikatur. Auch die Akteure sind unterschiedlich: Kinder, Schüler, Männer, Bettler, Narren, selbst Mäuse – allesamt blind geboren oder blind. Die Textmenge unterscheidet sich ebenfalls, reicht von einem langen, weitschweifigen, auf dem Prinzip der Wiederholung aufgebauten Text – im Buddhismus – bis zu Verdichtungen auf wenige Zeilen. So gehört der Text im Bereich christlicher Unterweisung seit langem zu den – man könnte fast sagen Gebrauchstexten des Religionsunterrichts.

Wie jede gute Erzählung, so ist auch unsere Geschichte immer wieder neu erzählt und gedeutet worden. Man erkennt das schon an den Überschriften. Überschriften wirken wie Signale, wecken bestimmte Erwartungshaltungen, geben Interpretationsrichtungen vor, die zu einer bestimmten Rezeptionsweise einladen. Je personalistischer das Gottesbild einer Religionstradition ist, umso stärker verschiebt sich das Interesse der Geschichte von den Blindgeborenen zum Elefanten. Im Islam und Christentum wird es zum Symbol für „Gott". Es gibt Geschichten vom *Elefanten*, Geschichten von den *Blindgeborenen*, schließlich Geschichten von den *Blindgeborenen und dem Elefanten*.

In einer kindgemäßen Version aus dem Jainismus geht es weniger streitlustig als im Buddhismus zu. Und es gibt auch keinen lachenden Dritten. Jeder der fünf Blinden hat nach Ansicht des Dorfweisen „Recht und Unrecht zugleich". Die eine Wahrheit wird nicht den vielen Unwahrheiten gegenübergestellt. Wahrheit wird additiv definiert. „Wenn ihr eure partiellen Ansichten zusammenlegt, dann habt ihr eine Vorstellung davon, wie ein Elefant aussieht." Die Jaina-Version expliziert die Lehre von den „verschiedenen Standpunkten": „Jeder von uns sieht die Dinge exklusiv von seinem eigenen Standpunkt aus. Wir sollten versuchen, auch die Standpunkte anderer Menschen zu verstehen... Wir müssen Religion, Wahrheit und Realität aus unterschiedlichen Perspektiven betrachten."

Die Elefantengeschichte ist oft in Indien erzählt worden, u. a. bei den Shaivas, den Anhängern des monotheistischen Großgottes Shiva. Indische Schulbücher kommen ohne die Geschichte nicht aus. Nach der Version des ekstatisch veranlagten Ramakrishna will ein Lehrer seinen blinden Schülern klarmachen, wie ein Elefant aussieht. Im Unterschied zur buddhistischen Lesart streiten sich die Kinder nicht, und der Lehrer lacht auch nicht. Ein Erzähler präsentiert die Antwort: Die Beschreibungen der Kinder sind nicht hinreichend; denn der Elefant ist „die Gesamtsumme von ihnen und noch etwas mehr". Diese Erkenntnis wird auf das Gottesbild – denn um dieses geht es in erster Linie – übertragen. „Alle Vorstellungen von dem Allmächtigen (sind) nur teilweise richtig, und auch er ist die Gesamtsumme aller solcher Vorstellungen und sogar noch etwas mehr; denn er ist das unendliche Wesen, und keine Beschreibung kann genügen, um einem mitzuteilen, wie er tatsächlich (beschaffen) ist. Der Mensch kann wegen der Begrenztheit seiner Fähigkeiten nur einen Teil der ganzen Wahrheit erkennen."

Persische Sufis haben die Geschichte aufgegriffen. Maulana Dschalal ad-din Rumi, der im Westen wohl bekannteste aller islamischen Mystiker aus dem 13. Jh., verdankt sie seinem Vorgänger Abu'l-Majd Majdud Sana'i. Notieren wir nur die wichtigsten Veränderungen: Alle Bewohner einer großen Stadt sind blind. Ein König belagert die Stadt. Er besitzt einen mächtigen, allseits Furcht verbreitenden Kampfelefanten. Die islamische Version kennt keinen Sehenden: weder König, Lehrer noch Weisen. Stattdessen aber einen allmächtigen Erzähler, der das Geschehen aus seiner erhabenen Warte kommentiert. Er hält die Blinden für „Narren". Sie gewinnen überhaupt keine richtige Erkenntnis. „Jeder machte sich auf solche Weise eine völlig irrige und unzutreffende Vorstellung von dem Elefanten und glaubte aber doch an die Wahrheit seiner Einbildung." Die besondere islamische Wendung zeigt sich nicht in erster Linie daran, dass „keiner das Ganze (erkannte)", sondern daran, dass der Mensch „das Wesen der Gottheit nicht (erkennen kann)". „Und die Gelehrten können darüber nichts in Erfahrung bringen!"

In ihrer langen, keineswegs beendeten Geschichte hat die Erzählung sowohl inner- als auch interreligiöse Auslegungen erfahren. Sie hat die Verhältnisbestimmung einzelner Traditionen innerhalb eines Religionsorganismus im Blick oder setzt die eigene Religion in Beziehung zu anderen. Folgende Deutungsbandweite zeichnet sich ab: Alle Blindgeborenen haben Unrecht (Buddhismus), nur einer hat die ganze Erkenntnis; alle Blindgeborenen haben Unrecht, „Gottes" Wesen lässt sich nicht erkennen. Alle haben teilweise Recht, doch nur zusammengenommen ergibt sich ein Gesamtbild (Jainismus); alle Vorstellungen sind teilweise richtig, reichen nicht einmal zusammengenommen aus (Ramakrishna).

So unterschiedlich die hier ausgewählten Beispiele der interreligiösen Verhältnisbestimmung sind, so eindeutig lehnen sie religiöse Exklusivitätsurteile ab. Eine „Begegnung mit dem Heiligen", um Gustav Menschings Religionsdefinition aufzugreifen, findet nach Auskunft der Bildworte in allen Religionen statt. Deshalb gelten die religiösen Traditionen noch lange nicht als gleichwertig. Neben dem äußeren Pluralismus gibt es einen inneren: Jede Religionstradition lässt dem Menschen eine Reihe von Möglichkeiten, seinen Glauben zu leben, den für ihn geeigneten Weg zu finden. Der Pluralismus der religiösen Wege tendiert letztlich gegen unendlich. In islamischen Mystikerkreisen kursiert der folgende Spruch: „Die Wege zu Gott sind so viele wie die Seelen der Menschenkinder."

Weiterführende Literatur:

Bede Griffiths, Rückkehr zur Mitte, München 1987
John Hick, Religion. Die menschlichen Antworten auf die Frage nach Leben und Tod, München 1996 (Original 1989)
Raimon Panikkar, Der neue religiöse Weg. Im Dialog der Religionen leben, München 1990

Religionen im Gespräch (RIG), hg. von Reinhard Kirste/Paul Schwarzenau/Udo Tworuschka. Erscheint alle zwei Jahre, Bd. 6, Balve 2000
Monika und Udo Tworuschka (Hg.), Die Seele ist wie ein Wind, Düsseldorf 1999 (Weisheitstexte)
Udo Tworuschka, Glauben alle an denselben Gott? Religionswissenschaftliche Anfragen. In: RIG 6, Balve 2000

Sachregister

Personenregister

Verzeichnis der Bibelstellen

Verzeichnis der Koranstellen